Dagmar von Cramm

Aldidente – Kochen für viele
Rezepte für zehn Hungrige und mehr
– Partys preiswert wie noch nie –

Hinweis für eilige Leserinnen und Leser
Beachten Sie unbedingt die Hinweise auf Seite 5

Eichborn.

Dagmar Freifrau von Cramm ist Diplom-Ökotrophologin und Journalistin. Sie lebt in Freiburg. Seit fünfzehn Jahren befaßt sie sich mit dem Thema Ernährung in Theorie und Praxis. Sie wurde mit dem Journalistenpreis der Deutschen Gesellschaft für Ernährung ausgezeichnet, deren Präsidiumsmitglied sie mittlerweile geworden ist. Sie ist verheiratet und Mutter von drei Kindern. Sie ist u. a. Autorin des Kochbuch-Bestsellers »Was Kinder gerne essen«.

© Eichborn GmbH & Co. Verlag KG, Frankfurt am Main, Februar 1999
Umschlaggestaltung: Moni Port unter Verwendung einer Zeichnung von Uschi Heusel
Lektorat: Uwe Gruhle
Satz: Fuldaer Verlagsanstalt
Druck und Bindung: Werner Söderström OY, Finnland
ISBN 3-8218-3497-8

Verlagsverzeichnis schickt gern:
Eichborn Verlag, Kaiserstraße 66, D-60329 Frankfurt.
Besuchen Sie uns im Internet: http://www.eichborn.de

Was? Sie, Frau v. Cramm?

Was? Sie, Frau v. Cramm? Und Aldi? Selma K., Öffentlichkeitsarbeiterin in Sachen Lebensmittel, ist schockiert. Irrwege einer Food-Journalistin?

Ich gestehe, ich bin hin- und hergerissen. Zwei Seelen leben in meiner Brust. Die eine, die der Food-Journalistin, ist kritisch. Ziemlich kritisch.

Denn ich weiß: Es gäbe keine wundervollen Freßzeitschriften, keine Kochsendungen, keine Food-Events, keine kulinarischen Höhenflüge, wenn jeder bei Aldi kaufen würde. Denn Aldi macht keine Luxuswerbung, sponsert keine großen Events – nicht mal dieses Buch!

Es gäbe auch kein frisches Basilikum, keine gute TK-Pizza, keine luftgetrocknete Salami, keinen Basmatireis im ganz normalen Lebensmittelhandel – kurz: nicht so viele gute Lebensmittel nur mit Aldi. Denn Aldi drückt die Produzenten so, daß kein Raum für neue Entwicklungen oder gar Experimente da ist. Aldi springt ja erst auf fahrende Züge, wenn der Trend bereits hochschwappt. Das ist das Prinzip.

Und schließlich: Ein sinnliches Vergnügen ist der Einkauf echt nicht. Die Luxzahl der Neonröhren (gottlob gibt's keine Spiegel bei Aldi...) ist auf ein sparsames Erkennen eingestellt, die Kartons erhöhen keinesfalls den Reiz der Umgebung, und die Kassiererin ist so schnell und emotionslos, daß ich regelmäßig an der Kasse Schweißausbrüche habe, das Portemonnaie fallen lasse, die Eier auch, und der zarte Kopfsalat unter Maisdosen begraben wird – frisch vom Band in meinen Einkaufswagen.

Tja – das ist die eine Seite.

Aber ich führe ein Doppelleben. Denn ich bin ja auch noch Frau und Mutter. Das ist meine zweite Seele. Und da halte ich es mit Aldi. Wer drei Kinder (und deren zahlreiche Freunde) satt kriegen muß, weiß, wovon ich rede. Denn jedesmal erlebe ich das gleiche Wunder: Der Wagen ist randvoll – und ich zahle keine 100 DM. Es sei denn, ich packe noch Wein, Likör, Unterhosen oder Stereoanlagen ein. Selbst wenn die neue Regierung das Kindergeld erhöht – ohne Aldi kommen Kinderreiche und Rentner nun mal kaum über die Runden. Und sie werden gut bedient. Der Inhalt stimmt. Dafür sorgen die Brüder. Bei der Qualität kennen sie nämlich keine Kompromisse, da sind sie wählerisch wie Feinkost Käfer. Und pingelig, wenn es der Zeitgeist verlangt. Farbstoffe, die haben sie klammheimlich fast ganz eliminiert, als sie merkten, daß der Bundesbürger darauf allergisch reagiert. Und als Kalifornien in Weinkreisen salonfähig wurde – schwupps, waren die einschlägigen Flaschen schon im Aldi-Karton. Bei Rioja war's genauso. Auf Aldi-Qualität ist tatsächlich Verlaß.

Außerdem – wir Glückspilze haben einen Aldi gerade vis-à-vis. Das hat natürlich Einfluß auf das Familienleben. Wer kurz vor sechs in einen leeren Kühlschrank blickt angesichts der besagten hungrigen Kinder, weiß, was das für den Wohnwert bedeutet. Und nicht zuletzt schont Aldi auch das Taschengeld meiner Söhne! Haribo für Magnus, Cornelius' Maultaschen, Nicis Dickmanns – sie kennen ganz genau die Preise. Und der Zeitgewinn! 200 m Zickzack, alles auf seinem Platz, und ich bin durch! Keine Kilometer bis zur Frischtheke, keine Qual der Wahl. Und dann die Kontakte! Eine halbe Stunde am Mittwochmorgen vor den Kinderhosen ersetzt einen Kaffeeklatsch. Man ist solidarisch – lauter Frauen und Mütter, die wissen, was die Welt kostet.

Also – diesmal siegt die Frau und Mutter. Denn für viele kochen geht ins Geld. Das wissen Eltern, Pfadfinder, Gruppenleiter und Kantinenchefs. Und nach einer Housewarming Party weiß das auch ein Single. Ich weiß das sowieso. Und wenn ich für eine ganze Radlergruppe kochen muß, fällt meine Wahl erst recht auf Aldi. Logisch, daß ich daraus ein Kochbuch mache. Auch wenn ich meinem echten Tante-Emma-Laden weiterhin treu bleibe! Von ein paar Aldi-Seitensprüngen natürlich abgesehen …

Gebrauchsanleitung für Aldidente

🍴 **Alle Rezepte in diesem Buch sind für 10 Personen berechnet.**

🍴 Bei den Rezepten ist der Gesamtpreis angegeben – also immer durch zehn teilen, dann wissen Sie, was eine Portion kostet.

🍴 In allen Rezepten ist zusätzlich angegeben, für wie viele Personen Sie dieses Gericht sinnvoll zubereiten können. Wenn also bei Mais-Reis »🍴 bis 50« steht, heißt das: Sie können dieses Rezept für 10, 20, 30, 40 oder 50 zubereiten – wenn Sie es entsprechend verdoppeln, -dreifachen, -vierfachen und für 50 eben verfünffachen. Ohne dabei wunde Finger zu bekommen. Hackkuchen gibt es zum Beispiel nur bis 20 – weil Sie wahrscheinlich nur zwei tiefe Backbleche und einen Backofen haben. Und weil mehr einfach zuviel Arbeit macht.

🍴 Alle Zutaten, die es bei Aldi nicht gibt, sind unterstrichen.

🍴 Alle Zutaten, die es nur manchmal bei Aldi gibt, sind *kursiv* gedruckt.

🍴 Ich habe versucht, immer ganze Packungen zu verbrauchen – vor allem bei leicht verderblichen oder schwer aufzubewahrenden Produkten.

🍴 Wer sparen möchte, kann statt Butter Margarine, statt frischer Milchprodukte die H-Version, statt Frischkäse aus dem Kühlregal den haltbaren ohne Aromen nehmen.

1.
Für viele kochen:
Wo ist das Problem?

Haben Sie schon mal Crêpe Suzette für zehn Personen gemacht? Oder Pasta al dente für zwanzig? Oder haben Sie es zumindest schon mal versucht?

Dann wissen Sie, daß es dabei mehr als ein Problem gibt. Wenn der Letzte seine Crêpe bekommt, ist der erste schon wieder hungrig – und Sie am Ende Ihrer Back- und Nervenkraft. Ganz abgesehen davon, daß Sie viel zuviel Teig hatten, aber zuwenig Fett und Pfannen. Und daß Sie den netten Abend schwitzend und nach Fettschwaden duftend in der Küche verbrachten und die Gäste ein schlechtes Gewissen bekamen und verschwanden, wenn Sie endlich in jeder Hinsicht fertig waren. Und was die Pasta angeht: Der Nudeltopf ist zu klein: Endlose Nudelberge quellen über den Rand wie der süße Brei – ein zweiter Topf muß her. Das Sieb zum Abgießen reicht auch nicht, und die letzten zehn Portionen pappen wie Fischleim aneinander – von wegen al dente! Außerdem sind nach dem ersten Topf eh schon alle satt ...

Also: Kochen für viele ist nicht nur ein, sondern die Summe vieler Probleme. Und sie haben alle mit:
- 🍲 dem richtigen Rezept
- 🍲 den richtigen Mengen
- 🍲 den richtigen Kochgeräten

zu tun.

Und damit, wie man alles heranschafft:

🍲 Der Einkauf für viele ist selbst für mengengeplagte Familienfrauen der erste Schock. Wußten Sie, daß die Verpflegung von 40 jugendlichen Piranhas für ein Wochenende den Rauminhalt eines Aldi-Einkaufswagens bei weitem sprengt? Und haben Sie schon einmal versucht, mit zwei Wagen durch die Gänge zu ziehen? Unentschlossen, zaudernd. Stau! Wagenchaos! Und der strafende Blick der Kassiererin ...

Also: Ohne Planung und ohne Liste sind Sie aufgeschmissen. Und ohne Aldi ebenso. Denn hier gibt's keine zehn Pü-Sorten oder

25 verschiedene Nudelformen. Die Entscheidung wird uns abgenommen. Na ja, lifestylig ist das nicht – aber schnell. Und gut. Der Fachmann sagt: Aldi hat wenig Sortimentstiefe. In den USA ist gerade das der neueste Trend – kann ich verstehen. Denn haben Sie sich auch schon einmal zwei Minuten vor Geschäftsschluß zwischen Rigatoni, Farfalle, Spirelli, Tagliatelle, Spaghettini, Spätzle, fünferlei Spaghetti, Makkaroni mit und ohne Ei, Vollkorn – Soja – Hirse entscheiden müssen? Mit Kindern? Also, lieber, sehr verehrter Herr Albrecht – bitte bleiben Sie bei Ihrer fehlenden Tiefe. Gegen die Breite hab' ich übrigens nichts einzuwenden – manches fehlt mir sogar. Wo bleiben eigentlich die guten Ananasringe und der Tomatenpaprika meiner Jugend? Beides habe ich bei meiner Rezeptauswahl schmerzlich vermißt! Auch getrockneter Dill und Knoblauchzehen stehen auf meiner Wunschliste – ein Must bei Aldis Klientel. Die Palette der aktuellen Gewürze und Kräuter dagegen erwarte ich nicht unbedingt. Die muß man auswärts kaufen.

Vergessen Sie alles

So, und jetzt zu den Rezepten. Vergessen Sie alles, was Sie bisher gekocht haben. Es sei denn, Sie haben acht Kinder und einen hungrigen Mann. Dann kennen Sie sich schon bestens aus und können mir sicher noch ein paar Tips aus Ihrer Küche geben. Aber wenn Sie die üblichen zwei oder eins oder gar keine Kinder haben, dann müssen Sie umdenken, wenn Sie mal für zehn und mehr kochen. Zehn Steaks à la minute sprengen den üblichen Pfannendurchmesser und kosten selbst bei Aldi 35,92 DM. Schnippeln für zehn ist ungeheuer mühsam, Kartoffelschälen auch. Von selbstgemachten Puffern, Pfannekuchen oder Klößchen ganz zu schweigen. Und das Thema Pasta hatten wir ja schon. Machen Sie es sich so einfach wie möglich – das genau ist die Aldi-Philosophie. Und das ist auch meine.

Es geht in diesem Buch nicht um einfaches Familienessen, sondern um Kochen in Extremfällen. Alle Rezepte sind für zehn Personen berechnet – wie in der Gebrauchsanweisung Seite 5 angegeben. Doch die meisten Rezepte lassen sich auch für 20, 30, 40 oder gar 50 Personen ohne allzugroßen Aufwand kochen. Dabei habe ich auch ganz egoistische Motive: Schließlich muß ich beim Einkauf für meine nächste Gruppen-Radtour nicht wieder anfangen zu rechnen. Dann nehme ich nämlich einfach dieses kleine Buch. Und schaue bei mir ab.

Noch ein paar Bemerkungen zur Hardware – die richtige Kücheneinrichtung zum Kochen für viele: Meine ganz normale Traumküche hat vier schöne, große Gasflammen (wir, also meine Versuchsküche und ich, haben nur 2 Gasflammen und 2 Elektroplatten, die unberechenbar sind), einen Backofen mit tiefem Blech und Backofengrill. Dann einen großen Tisch in der Mitte, eine Küchenmaschine zum Pürieren und Raspeln (oder bitte, bitte wenigstens ein Handgerät – gibt's alles ab und zu bei Aldi). Dann noch einen Kühlschrank und ein Tiefkühlgerät. Denn: Aldi goes Iglo. Und das Wichtigste zuletzt: eine Geschirrspülmaschine. Das ist, wie Sie wissen, das Ausstattungsmerkmal, das ein mickriges Allerweltsferienhaus in den einschlägigen Katalogen zu einem Anwesen der Luxusklasse erhebt – mit deutlichem Aufschlag natürlich!

Wie gesagt: Das wäre ideal – es geht aber auch mit weniger. Nur bei den Töpfen wird's heikel. Denn Sie brauchen mindestens einen Sechs-Liter-Topf, wenn Sie für zehn kochen wollen oder müssen. Entweder Sie leihen einen – oder Sie machen das Ragout oder den Eintopf auf dem tiefen Blech im Backofen. Im äußersten Notfall können Sie Reis in zwei kleinen Töpfen quellen lassen. Aber spätestens bei Nudeln hört der Spaß auf! Zusätzlich zum großen Topf wäre eine große Pfanne mit hohem Rand (Ø 27 cm), am besten beschichtet, toll. Oder ein Wok – da paßt auch alles für 20 Personen rein. Im übrigen: Horten Sie die Alu-Schalen vom Pizza-Blitz und die der Aldi-Fertiggerichte – davon kann man nie genug haben! Unabdingbar sind ferner ein langer Kochlöffel und eine Kelle, die beide stielmäßig über den Rand gehen. Dann ein Pfannenwender (kennen Sie den neuesten aus Silikon, Herr Albrecht? Bis 310 Grad hitzefest. Wär das nicht was?), ein Brett, ein großes Messer, ein kleines Küchenmesser und natürlich einen Sparschäler. Mehr brauchen Sie nicht, ehrlich. Aber wenn Sie nicht alleine schnippeln wollen, sollten Sie vielleicht doch noch ein paar Brettchen und Messer in petto haben ... So können Sie gleich das höfliche Anerbieten hilfsbereiter Gäste knallhart in die Tat umsetzen. Außerdem: Zusammen Krosen in der Küche macht einfach Spaß. Das hat ja auch schon Herr Biolek entdeckt. Salatbesteck, mindestens zwei Schüsseln, ein Meßbecher und ein großes Sieb sind superwichtig. Wer's ganz perfekt machen will, sieht auf der Checkliste Seite 32 nach. Das Allerwichtigste zum Schluß: Dosenöffner, Korkenzieher, Schere. Denn ohne kommen Sie ans Eingemachte nicht ran.

Noch mehr Gäste

Und wenn es noch mehr hungrige Gäste werden? Nicht jeder hat eine Schwiegermutter mit einem 10-Liter-Topf wie ich. Aber vielleicht ein Gemeindehaus? Einen Kleingartenverein, eine KiTa, eine Stammkneipe um die Ecke? Oder ein inniges Verhältnis zur Betriebskantine? Denn für 20 Personen brauchen Sie einen 10-Liter-Topf, für 30 Personen einen 15-Liter-Topf, für 40 einen 20-Liter-Topf und so fort. Und den sollten Sie sich wirklich leihen. So was braucht man so selten – das gibt's deshalb auch nie bei Aldi. Aber wenn Sie den Drang haben, autark zu kochen, dann kaufen Sie sich den Topf nicht im Gastronomiefachhandel, sondern beim Türken oder Campingbedarf. Der hält keine zwei Generationen, aber es reicht. Übrigens: Die Pfannen brauchen kein Gulliver-Format zu haben. Denn gebraten wird für so vieles nur die Garnitur, der Ansatz, das Extra. Bei Riesenmengen wird nämlich der Pfanneninhalt nicht heiß genug, zieht schnell Wasser und schmort dann eher, als daß er brät. Aber davon später. Natürlich weiß ich, daß im Pfadfinderlager kein Ofen und kein Kühlschrank vorhanden sind, daß beim Picknick auf dem Grillplatz keine Steckdose und Schnellkochplatte auf Sie warten und auch beim Hockeyfest das Küchenequipment zu wünschen übrig läßt. Deshalb gibt's im 3. Kapitel **Auf großer Fahrt** nur Rezepte, die auf einer Flamme und ohne Kühlung funktionieren. Fürs Kochen **Unter freiem Himmel** im 4. Kapitel brauchen Sie nur einen Grill – oder gar nichts. Für Essensbeiträge – 5. Kapitel **u.E.w.g.** – wird ja in Ihrer Küche daheim gekocht. Natürlich ebenso bei der Verköstigung im eigenen Haus, 6. Kapitel **Full Haus**.

Da sollte die nötige Hardware (s.o.) von Backofen bis Feuerstelle vorhanden sein. Daß Essensbeiträge transportfähig sind und die Bewirtung zu Hause etwas edler sein darf, ist logisch. Aber immer schön schnell und billig. In der Küche alles klar? Dann sind jetzt die Mengen dran. Und das sieht so aus:

Zu viel? Zu wenig?

Eine Woche vorher. Käte sitzt am Küchentisch und schreibt noch schnell die Einkaufsliste. Karl August schmiert sich eine Scheibe Brot im Stehen und liest dabei den Elternbrief der 4. Klasse. Käte fällt ein, daß sich am Wochenende ja Besuch angesagt hat. Die liebe Familie, mit Kindern. Ach ja, da mach' ich doch den Hackbraten. Das kommt immer gut an. Und dazu viel Sauce.

Also für zehn, meinst du, da reicht ein Kilo Hackfleisch?
Mhm, ja.
Also wirklich, hörst du auch zu?
Ja, natürlich, du machst das schon.
Käte seufzt. Sie macht das schon.

Ein Tag vorher. Käte ist etwas aufgelöst. Jetzt muß sie noch schnell die Betten beziehen. Und ein bißchen vorkochen, und wie es hier aussieht! Kinder, könnt ihr nicht ein bißchen aufräumen? Kein Kind weit und breit zu sehen.

Karl August reagiert gereizt. Was soll die Aufregung? Betten können die Gäste schließlich auch selber beziehen. Und Potemkinsche Dörfer sind seine Sache nicht. Vorsichtig tritt er den Rückzug an. Doch der Auftrag ereilt ihn kurz vor der Haustür:

Sag mal, wenn du jetzt sowieso gehst, kannst du das Hackfleisch besorgen? Ein Kilo reicht ja.
Karl August seufzt. Und ergreift blitzartig die Flucht, bevor er noch mehr Aufträge bekommt. Käte wendet sich Betten und Kindern zu. Ob ein Kilo wirklich reicht?
Stunden später. Was???? Das ist ein Kilo? Und dann noch gefroren? Das sieht aber wenig aus. Hast du denn den Metzger gefragt, ob das reicht für zehn?
Wieso Metzger gefragt. War doch bei Aldi. Und außerdem hast du gesagt ...
Ja ja – aber das sieht man doch. Und über-

haupt – erzähl doch keinen Unsinn. Hack gibt's doch nicht bei Aldi.

Doch. Ich war nämlich sowieso da. Wegen der Kreissäge …

Oh je. Ja, aber dann hol doch bitte noch zwei Päckchen – darauf kommt's ja jetzt auch nicht mehr an. Ach, und guckst du, was es sonst noch gibt? Das ist ja überhaupt irre, Tiefkühl wie bei Aldi Nord. Na, so was.

Karl August zieht ohne Protest ganz schnell los. Schlechtes Gewissen macht Männer milde. Obwohl – die Säge – kann man immer gebrauchen …

Der Tag nach dem Gästesturm:

Sag mal, hier riecht's so komisch. Kommt irgendwie vom Fenster …

Käthe schnuppert. Wird blaß. Das Hackfleisch! Ich dachte, auf der Heizung taut es schneller auf! Und das alles nur, weil ich noch keine Mikrowelle hab. Aber eine Kreissäge …

Also, das hat ja überhaupt nichts damit zu tun. Du hast das Fleisch einfach vergessen. Und dafür bin ich noch extra …

Na ja, ist ja egal. Aber gereicht hat es doch trotzdem. Hab' ich ja gleich gesagt: Ein Kilo reicht für zehn. Und die Mikrowelle gibt es am Mittwoch, damit du es nur weißt …

Also. Die Moral von der Geschicht: Rechnen Sie vor dem Einkauf genau aus, wieviel Sie brauchen. Und verlieren Sie nicht in letzter Minute die Nerven. Sie kaufen dann das, was garantiert nachher zuviel ist, und müssen den Rest der Woche von pappigen aufgebratenen Nudeln und Putenchili leben …

Die richtige Menge

Hier sind Mengen, die eine Person in etwa braucht (Ausnahme: der grüne Salat ist in Köpfen angegeben). Das hilft Ihnen, die richtigen Mengenverhältnisse zu finden.

Suppe als Vorspeise:
250 ml
Suppe als sättigender Eintopf:
400 ml
Salat (grün):
2 dicke oder 3 magere Köpfe für 10 Personen
Dressing:
cremig 50-70 ml, dünn 30-40 ml
Salat zum Sattessen:
300 g

Fleisch/Fisch als Hauptgang im Stück:
100-200 g (je nach Beilage)
Fleisch/Fisch/Krabben in Ragouts etc.:
50-80 g
Gemüse roh (für Dips etc.):
100 g
Gemüse gekocht als Beilage:
200 g
Gemüse als Hauptgericht:
300-400 g
Kartoffeln als Beilage:
150-200 g
Kartoffeln als Hauptgang:
300-400 g
Reis & Nudeln als Beilage:
roh gewogen 50-80 g
Reis & Nudeln zum Sattessen:
roh gewogen 100-120 g
Warme Saucen:
80-120 ml
Brot & Brötchen als Beilage:
80-100 g (1-2 Brötchen)
Brot & Brötchen zum Sattessen:
120-150 g (2-3 Brötchen)
Käse & Aufschnitt zum Sattessen:
80-100 g
Dessert:
150-200 g
Süßes zum Sattessen:
300-350 g
Obst:
80-100 g

Aber – werden Sie sagen: Ein hungriger 18jähriger Radfahrer wird doch wohl mehr verputzen als eine linienbewußte 30jährige oder gar ein Kindergartenkind! Und im frühlingskühlen Festzelt ist der Appetit natürlich größer als in einer lauen Sommernacht. Richtig.

Die Person, für die ich die Mengen berechnet habe, ist ein erwachsener Schreibtischtäter mit normalem Appetit. Für Kindergartenkinder können Sie die Portionen dritteln, für Gundschulkinder halbieren. Männliche Teenager im schlimmsten Wachstumsalter können vor allem in der Gruppe (!) und nach sportlicher Betätigung bis zur 1,5fachen Menge verdrücken. Bei einer Umzugs- oder Ernteparty müssen Sie eher 1,2fach kochen – denn dann haben alle Kohldampf. Weibliche Teenager dagegen kommen mit einer Dreiviertelration aus. Und alle über

50 auch. Je größer der Kreis der Esser ist, desto eher können Sie den unteren Wert der Mengenempfehlung nehmen: Dann gleichen sich individuelle Unterschiede aus. Und bleiben Sie hart: Augenmaß täuscht.

Wieviel trinkt der Mensch?

Und wieviel gibt's pro Kopf zu trinken?

Auch das liegt an den Temperaturen – und am Grad der körperlichen Aktivität. Mit zwei Liter Flüssigkeit ohne Alkohol, mindestens die Hälfte als Mineralwasser, sind Sie auf der sicheren Seite. Der Anteil wächst, wenn Autofahrer, weibliche und jugendliche Gäste zahlreich vertreten sind: Die trinken nämlich erfahrungsgemäß weniger Alkohol und mehr »soft drinks«. Im Sommer oder bei sportlichen Aktivitäten können Sie pro Kopf noch 0,5 l Flüssigkeit zurechnen.

Bei alkoholischen Getränken steigt der Bedarf mit der Anzahl männlicher Gäste. 1,5 bis 2 l Bier pro Kopf reichen im Durchschnitt aus. In lauen, langen Sommernächten kann's auch schon mal eine Flasche mehr sein.

Gibt's nur Wein, brauchen Sie etwa 1 l pro Person. Gibt's Wein oder Sekt nur als Aperitif, kommen Sie mit 0,25 l pro Kopf aus.

Mineralwasser kaufen im übrigen nur Banausen bei Aldi: Die Flaschen sind einfach zu klein, das Leergut lästig. Puristen halten am deutschen Brunnen fest. Kinderreiche Familien und jeder, der ab dritter Stock aufwärts in liftlosen Häusern wohnt, haben heutzutage einen Soda-Streamer. Ansonsten gilt: Es lebe das Leitungswasser, Deutschlands am besten kontrolliertes Lebensmittel! Stellen Sie es vor dem Servieren eine Stunde in den Kühlschrank (bei großen Gruppen Eiswürfel hinein!), und jeder wird es kööööstlich finden! Alle Instantgetränke – vom Tee über die Multivitaminbrause bis zum Kakaogetränk – ersparen Ihnen viel Schlepperei und sind ganz easy nachzumixen, wenn der Durst größer ist als erwartet. Lassen Sie sich nicht weismachen, das Wasser müsse vorher abgekocht sein. Schließlich sind wir nicht im Fernen Osten! Wer eine schnelle Lösung will, rührt einen Extrakt mit 1/4 Teil heißem Wasser an und mischt dann weiter mit Leitungswasser. Zur Kühlung am besten Eiswürfel zugeben – oder ein (sauberes!) Kühlelement in den Krug bzw. Topf legen. Das ist ungeheuer wirkungsvoll – und verdünnt die Lösung nicht weiter. Ich habe damit eine auf dem Herd aufgeschlagene Weincreme von 20 Eiern zum Gelieren gebracht – es ging superschnell, und mein Kühlschrank war einfach zu klein für diese Riesenmenge.

Mengenprobleme

Womit wir wieder beim Thema sind: Was ist anders beim Kochen für viele? Zunächst einmal die Mengen. Die sprengen das Durchschnittsmaß und das Fassungsvermögen der meisten Kühlschränke. Da helfen die Kühlelemente aus dem Tiefkühlgerät. Wenn Sie sie vorher abwaschen, können Sie sie getrost im Getränk oder Dessert versenken – sie sind absolut dicht. Kühlhalten ist da schon etwas schwieriger. Aber bei Aldi gibt's ja jetzt diese wunderbaren Tiefkühltüten (1,49 DM das Stück). Mit Kühlelement bestückt, halten sie Essen und Trinken kalt.

Andererseits ist auch das Erhitzen mühsamer beim Kochen für viele. Haben Sie schon mal acht Liter Wasser auf einem normalen Herd zum Kochen gebracht? Das dauert mindestens 15 Minuten. Wenn es mal kocht, ist die Garzeit nicht länger als bei kleinen Mengen. Aber kalkulieren Sie immer eine verlängerte »Ankochzeit« ein. Warmhalten ist im Schlafsack oder unter dem Plumeau kein Problem. Ansonsten tut's der Backofen (der aber wahrscheinlich gerade besetzt ist).

Beim Dünsten und Schmoren ist das Problem größer: Bis es oben heiß ist, brennt's am Boden an. Davor schützt am besten ein guter, beschichteter Topf. Doch meist sind große Töpfe aus Alu und eher preiswert. Dann verteilen Sie zunächst auf dem Topfboden 2-3 Eßlöffel Öl und rühren, rühren, rühren. Bei Gerichten, die eher quellen, hilft eine Lage Knäckebrot oder eine Schicht Pergamentpapier mit Öl – dann aber bitte nicht rühren. Deckel drauf und in Ruhe lassen. Überhaupt: Ist das Unglück erst einmal geschehen, lieber nicht dran rühren, sondern diskret von oben abschöpfen. Da ich kein Rührer bin, brate ich den würzigen Teil der Eintöpfe und Ragouts lieber extra an, koche ihn würzig ein und gebe ihn hinterher als Extrakt dazu. Dann schmeckt das Ganze nicht mehr nach Masse, sondern eher klasse.

Was können Sie noch tun, damit die Massenverpflegung nicht nach Mensa schmeckt? Mein wichtigster Tip: Verzichten Sie auf die Jägersoße, auf Fixprodukte und Fertiggerichte, vor allem die instantmäßigen (die wenigen Ausnahmen finden Sie in den Rezepten). Die ruinieren jeden Ansatz von Individualgeschmack. Toll sind Zwiebeln, frische Pilze, Tomatenmark, Zitronensaft, Wein (für Kinder mindestens 5 Minuten bei geöffnetem Deckel durchkochen), Doppelrahmfrischkäse in unterschiedlichsten Geschmacksnoten, Schmand, Fruchtsäfte.

Und dann die Gewürze. Vergessen Sie die Hähnchen-Pommes-Grill-BlaBla-Gewürzmischungen. Pfeffer, Salz, Paprika, Vanillinzucker, Instantbrühe und flüssige Speisewürze können Sie getrost kaufen. Bestimmte Zutaten peppen auf, sind preiswert, aber leider nicht bei Aldi zu haben: Lorbeer, Kräuter der Provence, Thymian, Kreuzkümmel, Chilipfeffer, Zitronengras, Ingwer, Zimtstange, Nelken und Piment – alles getrocknet. Etwas teurer, aber toll sind Pesto, Basilikum in Öl von Ubena, Mexiko-Würzpaste von Maggi, Worcester- und Sojasauce, Kapern und Oliven. Und an frischen Kräutern sind Basilikum, Petersilie und Koriander meine Favoriten. Und natürlich Knoblauch! Die Zutaten, die es bei Aldi nicht gibt, habe ich immer unterstrichen. Aber es geht auch ohne.

Was noch anders ist bei Massen, das merken Sie sehr schnell. Nach dem Auszug der Heerscharen sitzen Sie auf einem Berg – von Müll nämlich. Bei Aldi ist alles nett verpackt, gut stapelbar, nicht schmutzend, quadratisch, praktisch, gut, mit grünem Punkt. Sie wissen, was das bedeutet: Fahrt zum Glascontainer und einen gelben Sack extra. Nix mit Metro-Großverpackung. Weil nämlich die Singles auch leben möchten. Also finden wir uns maulend damit ab. Beim Müll ist Aldi altmodisch.

Überhaupt: Unser persönlicher Aldi ist ein Tante-Emma-Aldi. Mitten in der Stadt, ohne Parkplatz. Nur mit trauriger Tiefgarage, in die niemand will. Lauter Quittungen unter 50 DM – und vor dem Mittag- und Abendessen rammelvoll. Jeder kauft halt so, was auf sein Fahrrad paßt. Die Gebietsleiterin Frau X schüttelte traurig den Kopf darüber: So sieht unser Aldi der Zukunft nun wirklich nicht aus. Ist ihr eigentlich ein bißchen peinlich, wo ich doch ein Aldi-Buch schreibe. Aber er läuft so gut! Glaube ich sofort. Vielleicht ist es manchmal wichtiger, einen kleinen Aldi am richtigen Platz zu haben, als den Super-Aldi an der falschen Stelle. Lieber Tante-Emma-Aldi vis-à-vis, bleibe uns erhalten. Zumindest bis die Kinder aus dem Gröbsten heraus sind …

2.
Wenn die Basis stimmt oder Eintopf ist nicht alles

Klar – nichts geht über einen tollen Eintopf. Selbst der coole, sushiverwöhnte Jung-Manager weiß das. Und schwärmt in echter Nostalgie von der Erbsensuppe am Freitag daheim, ja damals. Und die, genau die ist es. Nie wieder hat er woanders so eine Suppe bekommen. Ja – die Mutter hält das Rezept auch streng geheim. Und Frauen, die so kochen können, die gibt's eigentlich nicht mehr.

Wenn so ein Jung-Manager wüßte … Aber Mutter paßt höllisch auf, daß er die leeren Dosen nicht bemerkt. Und von selber kommt er nicht drauf. Denn bei Aldi kauft er höchstens seinen Champagner und den Rioja und den Bordeaux – der darf vom Discounter sein. An den Dosen rauscht er sowieso vorbei.

Und so sind alle glücklich.

Kurz: Hühnernudeltopf?? Und Erbsensuppe?? Das können Sie natürlich auch für die Massenparty auffahren, frisch aus der Dose für 1,79 DM und 1,39 DM. Aber wenn alle Ihre Freunde bei Aldi kaufen, geht das nicht so richtig. Höchstens mit ein paar Tricks zur Verfremdung. Und selbst das durchschauen gewiefte Hausfrauen und akzeptieren es höchstens bei Junggesellen oder Strohwitwern. Und so richtig fein sieht ein Essen erst aus, wenn es aus mindestens zwei Teilen besteht – kein Durcheinander im Topf, nein: Reis mit Sößchen, Nudeln mit Sugo, Pü mit Würstel. Vor allem Kinder reagieren allergisch auf Chaos im Kochtopf. Ernährungs-Psychologen deuten das als Urmißtrauen gegenüber undefinierbarem Futter. Kinder als Instinktwesen. Mit anderen Worten: »Was der Buer nich kennt, det fret er nich.« Außerdem – wenn einem die eine Hälfte des Dinners nicht schmeckt, kann einen die zweite ja retten. Und: Die Töpfe müssen nicht so riesig sein – es muß ja nur noch die Hälfte hineinpassen. Noch ein Argument für Fans der Beilage: Sie befriedigt den Koch- und Spieltrieb. Mal rühren, mal klecksen – wer will das nicht?

Ganz individuell – fast wie selbstgekocht. Und deshalb gibt es hier ein ganzes Kapitel voll Beilagen. Denn mit der Beilage können Sie Eindruck schinden – überraschend kombiniert oder gewürzt. Schließlich vergessen alle bei einem tollen Himmel-und-Erde-Pü oder dem Orangen-Mais-Reis, daß es um Massenverpflegung geht.

Brot & Co.

Die einfachste aller Lösungen. Im Süden selbstverständlich; Baguette zum Tunken, Brot zum Bröseln – das macht in Kombination mit Ragouts und Suppen, Salaten und kalten Platten so richtig satt. Was hat Aldi da zu bieten? In allererster Linie natürlich das türkische Fladenbrot. Selbst unser Gyros-Imbiß um die Ecke kauft das dort, habe ich selbst gesehen. Und es bleibt tagelang frisch (was tun die da wohl rein?). Kurz aufgebacken ist es noch toller. Das Schnittbrot können Sie vergessen – absolut unchic und höchstens was fürs Rentnerfrühstück. Das neueste Trendprodukt, Ciabatta, muß man erst aufbacken – dann ist es ganz ordentlich. Das gleiche gilt fürs Baguette zum Aufbacken. Klassiker ist aber das französische Weißbrot als Pfundstange. Die Bröchen sind so lala – ohne Aufbacken ein bißchen lasch.

Also: Wer Backofenplatz, Zeit und Nerven hat, sollte Brötchen oder Baguette oder Ciabatta oder das raffinierte Baguette mit Kräuterbutter aus der Kühltheke frisch aufgebacken servieren. Vor allem, wenn es sonst nur Kaltes gibt. Doch wenn Küchenchaos herrscht oder Sie unter widrigen Umständen auftischen, halten sie sich an Pita und Weißbrot – das schmeckt sicher.

Kartoffeln

Hier steht Aldi als Mitkämpfer für gesundes Essen an vorderster Front. Denn Kartoffeln gibt's zum Glück immer. Ganz gegen den Trend, der nur noch Flockenpü und TK-Pommes eine Zukunft gibt. Natürlich gibt's hier auch diese schnellen Varianten. Aber eben auch Erdäpfel pur – wenn auch nur eine Sorte – à la saison. Im Winter dickhäutige, vorwiegend festkochende Nicolas oder Henriettes. Im Frühjahr sogar die Erstlinge aus Spanien. Und dazwischen Kompromißsorten – vorwiegend festkochend eben. Für alles geeignet. Kartoffeln lösen massenhafte Verpflegungsprobleme:

🍲 Sie lassen sich ohne Kühlung wochenlang lagern.

🍲 Sie lassen sich auch ohne Topf und Ofen garen.

🍲 Man kann wochenlang unbeschadet von ihnen leben.

Bei soviel Licht gibt's natürlich auch Schatten. Die Nachteile will ich Ihnen auch nicht verschweigen:

🍲 Schälen ist mühsam, wenn Sie nicht über eine flotte, nicht zu hungrige Truppe mit vielen Schälmessern verfügen. Dann kann's sogar nett sein. Aber eben nur dann ...

🍲 Raspeln, würfeln, schneiden: Ohne Küchenmaschine lieber nicht. Ausnahme: Kartoffelsalat.

🍲 Kartoffeln sind kein Blitzgericht! Bei zweieinhalb Kilo Kartoffeln geht unter 30 Min. Garzeit gar nichts ...

Die einfachste Übung: Pellkartoffeln. Sollen sie in Schale serviert werden (und das ist bei zehn Essern ein Muss), muß der Dreck weg. Vielleicht haben Sie Glück: Vorgewaschene, glatte Knollen fallen Ihnen entgegen. In allen anderen Fällen: Greifen Sie zu Schwamm und Bürste. Jawohl: Mit der rauhen Seite werden Frühkartoffeln blank, die Bürste poliert dickhäutige Vertreter. Versuchen Sie danach aber bloß nicht, Geschirr damit zu reinigen. Einmal Kartoffelbürste, immer Kartoffelbürste. Profis setzen nun schon das Wasser auf. Für 2-3 kg reichen tatsächlich 0,5 l Wasser: Dampf gart auch. Schrubben Sie nach dem Prinzip: »die Dicken zuerst« und »von der Bürste in den Topf«. So nutzen Sie für die langsam garenden Schwergewichte schon mal die erste Hitze. Salz immer dazwischenstreuen – das würzt auch durch die Schale. Schwere Kaliber von Faustgröße werden schneller gar, wenn Sie sie mit dem Messer ins Herz stechen. Obenauf die Kleinsten – und Deckel drauf! Wenn der nicht dicht ist: ab und zu Wasser nachgießen. Riecht es schon, ist es eh zu spät. Trotzdem Wasser nachgießen – die unterste Reihe müssen Sie später wahrscheinlich zur Hälfte opfern. Aber umfüllen sollten Sie nicht – der rauchige Geschmack stört nicht. Im Gegenteil.

Manchmal müssen Kartoffeln doch gepellt werden: für Salat. Und für Stampfekartoffeln. Schrecken Sie sie dann erst einmal mit kaltem Wasser ab – sonst verbrennen Sie sich die Finger. Profis haben Kartoffelspieße. Und Großmütter haben noch die Fähigkeit, die Erdäpfel so in den Händen knallen zu lassen, daß sich die Schale fast von selber löst. Ich muß allerdings gestehen, daß mir das noch nie gelungen ist. Vielleicht liegt's an der Sorte …

———

Stampfekartoffeln 🅦 *bis 20 P.*

Ich weiß – Flockenpü geht schneller. Aber vielleicht möchten Sie zwischendurch ein originäres Eßerlebnis bieten – ohne großen Aufwand. Dann sind Sie hier richtig – und mehr Vitamine hat es auch …

2,5 kg Kartoffeln
2 EL Salz
0,5 Milch
1 Becher Naturjoghurt
(probiotisch à 200 g)

4 EL getr. Petersilie
100 g Butter
Preis der Zutaten ca. 2,60 DM

Die Kartoffeln nur ganz kurz abschrecken und so heiß wie möglich pellen. Mit den übrigen Zutaten (Buttermilch schmeckt würziger) in einen Topf geben und – wie der Name schon sagt – stampfen. Mit einem Kartoffelstampfer. Oder notfalls vorsichtig mit einer Flasche. Bloß nicht rühren, schlagen oder gar mit den Pürierstab bearbeiten – das gibt Kleister. Noch einmal vorsichtig heiß machen – oder sofort essen.

Varianten:
Mediterran schmeckt's mit Olivenöl statt Butter und 2 Bund gehacktem Basilikum statt Petersilie. Und Knofel! Würziger wird's mit Kräuterfrischkäse statt Butter. Und natürlich können Sie auch gewürfelte rohe Paprika, Paprikapulver und Feta statt Butter zugeben.

———

Bouillonkartoffeln ⑨ *bis 10 P.*

2,5 kg Kartoffeln
1/2 l Brühe (Instant)
1 EL Salz
100 g Butter oder Margarine
Preis der Zutaten ca. 2 DM

Kartoffeln waschen und schälen, in 3-4 cm große Stücke teilen. Brühe mit Salz und Fett in einem Topf zum Kochen bringen, Kartoffeln darauf verteilen und bei kleiner Hitze etwa 30 Min. garen. Nicht mehr umrühren, sonst zermatschen sie.

Salzkartoffeln: lieber nicht

Am besten garen größere Kartoffeln in einem Dämpfer – doch den gibt's kaum in der richtigen Größe. Manchmal klappt es mit einem großen Salat-Metallsieb, das Sie mit Hilfe einer Metallschüssel o.ä. über 1 l Wasser stellen. Dort kommen die geschälten Kartoffeln in Häften oder Vierteln hinein und garen im Dampf über kochendem Wasser in etwa 45 Minuten. Natürlich können Sie geschälte

Kartoffeln auch in Wasser kochen. Aber bei großen Mengen werden die unteren zerdetscht, wenn die obersten gerade gar sind.

———

Haben Sie einen Backofen zur Verfügung, sind die kulinarischen Möglichkeiten unbegrenzt. Und Sie haben den Herd frei! Hier der Klassiker. Ich weiß: Bei 2,5 kg wird's auf dem Blech knapp. Stapeln Sie einfach! Und halbieren Sie die Kartoffeln – alles andere dauert viel zu lang und schmeckt nicht so gut.

Ofenkartoffeln ⑩ bis 10 P.

2,5 kg Kartoffeln
5 EL Olivenöl
3 EL Parmesan
1 EL Salz
Alufolie
Preis der Zutaten ca. 2,50 DM

Backofen auf 250 Grad vorheizen. Ein Blech mit Alufolie – blanke Seite nach oben – auslegen. Kartoffeln waschen und gründlich bürsten. Öl mit Parmesan und der Hälfte Salz mischen, Paste auf der Mitte des Blechs verteilen. Kartoffeln halbieren, mit der Schnittfläche in die Paste tunken, aufs Blech schichten. Die letzten halb schräg dazwischensetzen. Alles mit dem übrigen Salz bestreuen und 30 Min. im Backofen backen, dann wenden und in 5-15 Min. (je nach Größe) fertig backen.

Tip: Wenn's Ofenkartoffeln zum Sattessen gibt, können Sie die Öl-Parmesan-Menge verdoppeln und 3 kg zubereiten.

———

Und die berühmten Folienkartoffeln? Da gibt's zwei Haken: Die Garzeit verdoppelt sich fast, und Sie sind im Einpackstreß. Aber fürs Lagerfeuer – einfach toll. Das Rezept finden Sie auf Seite 52.

Hier kommen die Rezepte für das Kartoffelschälkränzchen. Übrigens: Wenn Sie es gut vorbereitet lieben und schon Stunden vorher schälen, müssen Sie leider die Kartoffeln ins Wasser legen, auch wenn das Vitamine kostet. Beruhigen Sie Ihr Gewissen mit einem kräftigen Schuß aus der gelben Zitrone ins Lagerwasser. Und schneiden Sie die Kartoffeln unbedingt erst vor dem Garen klein.

Knusperkartoffeln 🍴 bis 10 P.

2 kg Kartoffeln
100 ml Sonnenblumenöl
2 EL Zitronensaft
2 EL flüssige Speisewürze
1 EL Salz, Pfeffer

Preis der Zutaten ca. 2,40 DM inklusive Varianten

Kartoffeln waschen und schälen, in 5 mm dicke Scheiben schneiden. Den Backofen auf 250 Grad vorheizen. Das Blech dünn mit etwa 2 EL Öl einreiben. Die Kartoffelscheiben dachziegelartig daraufschichten, übriges Öl mit den anderen Zutaten verrühren und auf den Kartoffeln verteilen. Im heißen Ofen etwa 45 Min. knusprig braten. Wer Umluft hat, kann die Kartoffeln auf zwei Bleche verteilen. Dann 4 EL Öl zufügen und nur 30 Min. backen.

Varianten:
Streuen Sie über den Ölmix
🍴 100 g Paniermehl
   oder eine Mischung aus
🍴 50 g Parmesan und 50 g Paniermehl
🍴 oder 200 g gehackte Walnüsse
🍴 oder 200 g Reibekäse (Kühltheke)
🍴 oder 200 g zerbröselten Feta.

Kartoffelgratin 🍴 bis 10 P.

50 g Butter oder Margarine
2 kg Kartoffeln
1 l Milch
0,2 l süße Sahne
2 EL Salz
Pfeffer

Preis der Zutaten ca. 3 DM

Die Kartoffeln waschen und schälen, in 5 mm dicke Scheiben schneiden. Entweder eine große Auflaufform oder die Fettpfanne bzw. ein tiefes Blech einfetten. Die Kartoffeln waschen und in 5 mm dicke Stücke teilen. Schuppenförmig dicht an dicht einschichten. Die übrigen Zutaten vermischen, über den Kartoffeln verteilen – sie sollten knapp mit Flüssigkeit bedeckt sein. Den Backofen auf 220 Grad vorheizen, das Gratin darin etwa 1 Stunde backen, bis es braun ist.

Varianten:

🍶 Frischer schmeckt es, wenn Sie 4 EL getr. Petersilie in die Milch mischen.

🍶 Ersetzen Sie 500 g Kartoffeln durch 700 g Apfelspalten (ohne Schale), und streuen Sie 100 g gehackte Walnüsse darüber.

🍶 Ein Auflauf zum Sattessen wird es, wenn Sie 3,5 kg Kartoffeln, etwa 1/2 l mehr Milch und 200 g Schinkenwürfel verwenden.

Aus der Wuntertüte: Kartoffelknödel

Bei Aldi kann der Food-Journalist einiges über den Kochzustand der Nation erfahren. Zum Beispiel, daß Frischmilch immer noch viele Fans hat oder daß Tierliebe uns auch schon ein paar Pfennig mehr fürs Bodenhaltungsei wert ist. Oder daß Maultaschen, Blätterteig, Püree und Knödel meist nicht mehr von A bis Z selbstgemacht werden. Wußten wir ja eigentlich auch schon. Dafür gibt's kein Puddingpulver mehr – der Pudding im Töpfchen kommt aus der Kühltheke. Doch drohen auch hier neben der braunen Soße die überflüssigen Fix-Produkte, bei denen eigentlich alles dazugekauft werden muß (was man wiederum bei Aldi nicht kriegt).

Aber jetzt zum Knödel. Fast jede Hausfrau sagt mittlerweile: Jawoll, selbstgemacht, wenn sie Wasser ins Pulver gegossen hat, die Quellzeit beachtet und schließlich jeden Kloß eigenhändig gedreht hat. Denn schließlich gibt's auch die fix und fertigen aus dem Beutel. Auch bei Aldi. Die Semmelknödel nämlich. Vergessen Sie sie bitte für Massenverköstigungen: Sie verbrennen sich nur die Finger! Sie kriegen hier auch kein Rezept für Knödel aus frischen Kartoffeln – das überlasse ich lieber Frau Herzog und dem Vier-Personen-Haushalt. Hier geht's um Massen. Und da bin ich ein Fan der Kloß-Rolle – genauer gesagt: der Kloß-Rolle aus dem Gefrierbeutel. Aus Pulverknödelteig. Da können Sie die tollsten Sachen hineinpacken und müssen nicht dutzendweise Knödel drehen. Außerdem weicht nichts auf – kein Knödelmatsch. Der Beutel macht's möglich. Und weil deutlich draufsteht: $\pm$ 115 Grad brauchen Sie sich auch keine Sorgen zu machen. Denn Wasser kocht nun mal bei 98 Grad.

Knödelrolle 🍲 *bis 30 P.*

1 Pckg. Knödelpulver halb und halb
2-3 EL getr. Petersilie
3/4 l Wasser
2 Gefrierbeutel
Preis der Zutaten ca. 1,39 DM

Das Knödelpulver mit Petersilie mischen, mit Wasser angießen und quellen lassen. Den Teig in zwei Portionen teilen, in je einen Beutel füllen und unten in den Beutel drücken, dann zur Rolle formen. Den oberen Teil des Beutels um die Rolle rollen und ins kochende Wasser legen. Nach 20 Min. ist die Kloßrolle fertig. Aber es macht auch nichts, wenn sie eine Stunde im heißen Wasser liegt – vorausgesetzt, der Beutel bleibt dicht!

Varianten:
🍲 Statt Petersilie 2 gewürfelte, geröstete Zwiebeln, mal mit 100 g Schinkenwürfeln, mal mit 100 g Walnüssen, mal mit Pilzen (1 Dose) kombiniert.
🍲 Teig mit 0,5 l Tomatensaft und 1/4 l Wasser anrühren. 1 rote und 1 grüne Paprika klein würfeln, in 1 EL Butter andünsten, mit 1 EL Paprikapulver unter den Teig ziehen.

Püree aus der Tüte

Wer macht heute sein Püree noch selber? Und vor allem: womit? Mehlig kochende Kartoffeln gibt's fast nur noch für die Industrie. Haben Sie also kein schlechtes Gewissen, sondern stürzen Sie sich ins Püree-Vergnügen.

Himmel-und-Erde-Püree
🍲 *bis 50P.*

3/4 l Wasser
1 TL Salz
1/2 l Milch
1 Becher Schmand
1/2 Packung Apfelmus
2 Pckg. Kartoffelpüree (8 Portionen)
Pfeffer
Preis der Zutaten ca. 4,70 DM

Das Wasser mit Salz zum Kochen bringen. Dann die Milch zugeben und etwas erwärmen. Topf vom Herd ziehen, Schmand und Apfelmus hinzufügen, dann die Püreeflocken. Kräftig schlagen und pfeffern.

Varianten:

Super mit gebratenen Zwiebeln oder gerösteten, gehackten Walnüssen. Als Hauptgericht 1,5fache Menge Pü mit gebratener Gutsleber und -rotwurst (pro Kopf eine) aus der Kühltheke.

―――

Tomaten-Kartoffel-Püree
🍲 *bis 50 P.*

3/4 l Wasser
1 TL Salz
2 Dosen geschälte Tomaten
2 Beutel Kartoffelpüree (8 Portionen)
1 EL getr. Kräuter der Provence
200 g Frischkäse Cremerie Knoblauch
1 TL Salz
1/2 TL Pfeffer
Preis der Zutaten ca. 6 DM

Das Wasser mit Salz zum Kochen bringen. Die Tomaten mit dem Messer in der Dose grob zerkleinern. Den Topf vom Herd ziehen, Tomatenklein mit Saft zufügen und die Flocken mit Kräutern, Käse und Gewürzen unterrühren.

Ideal für viele: Reis

Keine Lust auf Kartoffeln? Oder besonders viele hungrige Gäste? Ich nehme in solchen Fällen als sättigende Beilage immer Reis. Kein Abschütten, kein Umrühren, Sättigung konzentriert. Und beim Parboiled Reis kann wirklich nichts danebengehen. Hier das einfachste Rezept fürs Pfadfinderlager. Wichtig: Der Reis muß einmal so richtig sprudelnd kochen und dann gut isoliert quellen.

Reis aus dem Schlafsack
🍲 *bis 50 P.*

500 g Parboiled Reis
1 l Wasser
2 EL Salz
evtl. 2 El getr. Schnittlauch
Preis der Zutaten ca. 1,30 DM

Den Reis im Topf trocken erhitzen, Wasser angießen, Salz und Schnittlauch zufügen und einmal kräftig zum Kochen bringen. Topfdeckel dicht schließen, den Topf mit Alufolie – blanke Seite nach innen – bandagieren und ab in den Schlafsack. Nach 1 1/2 Stunden ist er fertig – und noch knallheiß!

Mais-Reis ⑩ bis 50 P.

500 g Parboiled Reis,
2 EL Butter
3/4 l Gemüsebrühe
1/8 l Orangensaft
Salz
2 Dosen Mais
Preis der Zutaten ca. 4,30 DM

Reis im Fett anbraten, mit Brühe, Saft und Maissud angießen, salzen, 20 Min. quellen lassen. Mais im Extra-Topf erhitzen, unterziehen.

Varianten:
Orientalisch wird es, wenn Sie 200 g Rosinen und 1 Dose Cashewnüsse mit 1 TL Kreuzkümmel und 1/2 TL Zimt zum Reis geben.

Mit der folgenden Beilage schlagen Sie zwei Fliegen mit einer Klappe: Sie ist Gemüse und Reis in einem. Am schnellsten mit Küchenmaschine!

Karotin-Reis ⑩ bis 10 P.

500 g Möhren
4-5 Zwiebeln
2 EL Butter oder Margarine
500 g Parboiled Reis
3/4 l Gemüsebrühe
1 TL Salz
<u>1 TL Kreuzkümmel</u>
nach Wunsch 1 Schuß Weißwein
Preis der Zutaten ca. 2,50 DM

Möhren gründlich waschen, Enden abschneiden, Möhren raspeln. Zwiebeln schälen und von oben her achteln. Beides im Fett anbraten. Reis zugeben, mit Brühe angießen, würzen, 10 Min. quellen lassen. Wenn keine Kinder mitessen, mit 1 Schuß Weißwein an-

gießen, sonst evtl. noch etwas heißes Wasser zufügen.

Schnelle Version: nur 0,5 l Brühe angießen und 1 Flasche Karottensaft statt der Raspelkarotten, die doppelte Menge Zwiebeln. Oder Power-Karotin-Reis mit Raspelkarotten und Karottensaft und einem Schuß frischgepreßtem Zitronensaft.

Varianten:

Tomatenreis können Sie in unterschiedlichen Geschmacksnoten herstellen:

🍅 Kräftig mit 2 Dosen Tomaten, kleingeschnitten, 0,5 l Brühe, 2-3 EL Olivenöl, 1 TL getr. Basilikum und einer zerdrückten Knoblauchzehe.

🍅 Mild mit 1/2 l Gemüsebrühe, 6 EL Tomatenmark, 1/4 l Kaffeesahne, einer Prise Zucker und etwas Salz.

🍅 Frisch mit 1 kg heiß überbrühten, gepellten, fein gehackten Tomaten ohne Kerne, die erst ganz am Schluß untergezogen werden. Den Reis mit 1/2 l Brühe und 1/4 l Rosé ansetzen. Mit Salz und Honig abschmecken.

Nudeln – nur wenn es sein muß

Und die Nudeln???? schreit ein jeder – wenn das Buch schon Aldidente heißt. Also: Ich finde Nudeln für viele gräßlich stressig. Haben Sie schon einmal vier Liter kochend heißes Wasser abgegossen? Oder ZEHN Leute in exaktem Al-dente-Timing um den Eßtisch versammelt? Hut ab, wenn Sie das schaffen. Ich nicht. Deshalb gibt es bei mir Reis. Aber wenn Sie unbedingt eine Anleitung für Nudelfans wollen ...

Also: Auf Seite 108 sind Saucenrezepte der etwas edleren Art. Dazu brauchen Sie für zehn Personen 1 kg Nudeln. Und die müssen Sie in mindestens vier Liter Wasser kochen (Sie brauchen also einen Sechs-Liter-Topf). Pro Liter 1 EL Salz. Sie kochen die Nudeln, bis sie wirklich noch sehr al dente sind. Dann gießen Sie sie ab und füllen sie wieder in den warmen Topf. Sauce heiß machen und alle Esser versammeln! Im Topf ist jetzt ein Nudelkloß. Verzweifeln Sie nicht. Halten Sie 1/4 l kochendes Wasser bereit, gießen es auf Ihren Nudelkloß – und wie ein Wunder löst er sich in Spaghetti, Rigatoni, Farfalle auf (habe ich von Frau Nickerson von Maggi gelernt, danke!!!). Vielleicht noch ein Schuß Öl und dann austeilen, bevor es wieder pappt. Im übrigen halten Rigatoni und Spirelli größere Mengen am besten aus. Farfalle und Spaghetti sind da etwas sensibler. Und Spätzle matschen leider schnell. Spaghettiknicken ist immer noch mega-out und selbst bei Kinderpartys nicht geduldet. Eine Nudelzange sollten Sie aber schon haben. Natürlich lassen sich auch aus Aldi-Nudeln kulinarische Überraschungen zaubern:

🍝 Geben Sie 1/4 l Weißwein ins Nudelwasser.
🍝 1 Strauß Thymian macht die Sache südlicher. 1-2 EL getrocknete Kräuter der Provence tun's auch.
🍝 Zitronenschale, spiralig abgeschnitten, gibt edles Aroma zur Shrimps-Sauce.
Aber bitte: Bei 20 Gästen ist dann endgültig Schluß mit Pasta. Basta!

PS. Auf Seite 41 finden Sie die Lösung meines Nudelproblems: Nudeln gleich in der Sauce kochen – das ist es!

3.
Auf großer Fahrt

Wir Deutschen sind immer öfter unterwegs. Haben Sie schon mal Wohnmobilzählen mit Ihren lieben Kleinen auf der Autobahn gemacht? Das war früher für Erstkläßler ohne Probleme machbar. Vorbei, vorbei. Im dreistelligen Zahlenraum kommen eben höchstens Drittkläßler zurecht ...

Oder Segeltörns. Gerade hat mir meine Familien-Segeltörn-erprobte Freundin Sylvie den hanseatischen Segelclub für eine Sonderausgabe mit Goldschnitt empfohlen. Ich hoffe, die nehmen das Buch auch so. Denn auch Hanseaten sind im Grunde ihres Herzens preisbewußt.

Und erst die Pfadfindergruppe meines Jüngsten! Eine Woche im Hochschwarzwald jenseits aller Zivilisation im Dauerregen. Mit den richtigen Rezepten fast ein Vergnügen!

Und schließlich mein Ältester, der bei seiner Bodenseetour mit 10 DM pro Tag nicht auskam! Trotz Tantenbesuchs und einer Schwäche für Aldi!

Eine große Gruppen-Radeltour brachte das Faß zum Überlaufen und löste bei mir die Koch- und Schreibwut aus. Daß dabei viel mehr zutage kam – von Elternabend bis Umzugsparty – wer hätte das gedacht.

Die Entscheidung

Wir sitzen um den grünen Tisch. Vor uns die Riesenlandkarte mit lauter kleinen Kringeln. Für lauter kleine Radelquartiere. Mir schwant etwas.

Wer übernimmt die dritte Gruppe?

Drei liebevolle Augenpaare blicken uns milde an. Na, ihr, sagt Nani trocken.

Das Vortreffen ist in zwei Wochen. Was sollen wir da kochen? Kannst du nicht eine Liste an die Gastgeberin faxen? Du kennst dich doch mit Kochen und so aus!

Mein Mann Edgar ist ganz grün im Gesicht. Mir ist auch nicht gut. Ein bißchen mithelfen wollten wir. Vielleicht auch mal radeln. Aber bloß keine Verantwortung übernehmen!!! Nicht als berufstätige Mutter! Keine Dreifachbelastung! Hilfe!

Gabriele hat Mitleid und will zur Metro fahren. Großeinkauf! Ihre Augen leuchten. Mittlerweile habe ich mich gefaßt.

Nein – da bin ich eisern. Hier geht's nicht um Spaß, hier geht's um Arbeit – und ums Geld. Sprich: um Aldi!

Na, und wieviel? Für 40 Kinder und 10 Erwachsene? Weißt du, die Kinder, die veratmen das Essen – alles – wie die Piranhas! Sybille schaudert lächelnd.

Also nichts mit Lustkauf, keine Spirenzchen, kein genießerisches Wandeln zwischen Lachsseiten und Milka en masse. Hier muß Systematik rein. Und überhaupt: Wir brauchen ein Kochbuch. Und zwar eins für die hungrigen Massen. Zum Nachschlagen. Das in den Rucksack paßt. Mit lauter billigen Sachen, die ganz einfach sind. Und die in einen Topf gehen. Oder zwei. Und die Kindern schmecken. Mit Zutaten, die sich ohne Kühlung einen Tag halten, auch im Sommer. Denn auf Reisen ist alles anders. Da haben Sie nicht meine Wunschküche von Seite 8 oder wenigstens die eigene.

🍲 Gibt's unterwegs Strom und Wasser? Wenn nicht, brauchen Sie einen Gaskocher mit -flasche und passendem Topf. Und einen Wassertank (mind. pro Person 1 l). Ganz toll sind auch diese weichen, platzsparenden Wassertanks, die sich erst mit Wasser im Bauch zum vollen Fassungsvermögen ausdehnen. Die Rezepte in diesem Kapitel verlangen keinen Zauberstab oder andere Errungenschaften der modernen Küchentechnik. Das hatte ich nämlich auch nicht! Machen Sie sich die Massen zunutze: Gehackt, geputzt und verlesen wird im Pulk. Also genug Messer und Brettchen einpacken, sonst stehen Sie alleine da.

🍲 Haben Sie keine Kühlmöglichkeit im Auto oder in den Quartieren? Im Skiurlaub oder beim Herbsteln ist das egal – da wird's nachts und im Schatten kalt genug. Zur warmen Jahreszeit gilt jedoch: Vorsicht mit allen Artikeln aus der Kühltheke! Nach höchstens vier Stunden haben sie einen »Stich«. Also diese nur »à la minute« einkaufen und sofort verbrauchen. Aber es gibt gerade bei Aldi genug Dauerware: H-Milch ist mit Kakao trinkbar, Joghurt und Schmand, Gouda und Cabanossi sind ziemlich hitzefest. Bei Schokolade Zurückhaltung üben. Vor allem, wenn Wasser knapp ist …

🍲 Noch was zum Thema Müll: Packen Sie genug Mülltüten ein. Auf die Aldiliste schreiben. Denn in der freien Natur …

🍲 Reste gibt's immer – es sei denn, Sie halten ihre Truppe in einem latenten Hungerzustand. Das ist in zivilisierten Gegenden schwierig, weil der nächste Aldi immer in Blickweite ist. Also – Reste müssen sein, aber wohin damit? Denn weggeworfen wird nichts! Alufolie reißt, verknautscht, ist nicht dicht, und man muß mindestens acht von zehn Päckchen aufreißen, bevor man auf den gesuchten Käse trifft. Frischhaltefolie erspart wenigstens die Suche, hält aber auch nicht dicht. Sorgen Sie lieber für einen Vorrat der beliebten Gefrier- und Frühstücksbeutel. Die kleinen Drähte zum Verschließen in der Packung sind leider unbrauchbar. Nehmen Sie lieber die Klemmen von Melitta mit (liebe Herren Albrecht, wäre das eine Anregung …?)

Proviantvorrat

🍷 Der eiserne Vorrat! Ein gutsortierter Vorrat erspart unnötige Einkaufsfahrten am Urlaubsort, Wartestunden an der Kasse und vor verschlossenen Aldis. – Darf ich an dieser Stelle Öffnungszeiten von 7 bis 21.00 Uhr anregen? – Mit anderen Worten: Wer zu Hause einkauft, spart kostbare Urlaubsstunden – und bares Geld. So wissen Dänemark- und andere Urlauber, daß der Aldi-Einkauf daheim am günstigsten ist. Dafür können Sie glatt noch eine Verlängerungswoche finanzieren!

Der Aldigrundvorrat für zehn Personen:

1 Fl. Öl, 1 Fl. Essig oder 1 künstliche Zitrone, 1 Glas Salatkräuter, 1 Bioreform Margarine (Butter wird ranzig), 1 kg Zucker, 500 g Jodsalz, 1 Paprikapulver,

1 Pfeffer, 1 Glas Senf, 1 Fl. Ketchup, 1 Tube Tomatenmark, 1 Dose klare Brühe, 1 Müsli (nach Geschmack), 1 Instant-Zitronentee, 1 Tropengold, 25 Beutel schwarzer Tee, 1 Glas Instant-Kaffee, 1 Honig, 1 Nußnougat, 1 Konfitüre, 2 Apfel-Fruchtsaftgetränk, 12 Fl. Mineralwasser, 10 l H-Milch, 1 Kaffeesahne, 1 H-Schmand, 10 Eier (hart gekocht), 2 Pckg. Cabanossi, 2 Dosen Wienerle, 1 deutscher Gouda, 1 Doppelrahm-Frischkäse, 1 Glas Party-Gurken, 2 Pckg. Parboiled Reis, 2 Pckg. Penne, 1 Kartoffelpüree, 2 Pckg. passierte Tomaten, 2 Pckg. Knäckebrot, 1 Pckg. Tuc Kräcker, 2 Pckg. Studentenfutter, 1 Pckg. Walnüsse, 1 Pckg. Trockenpflaumen, 1 Pckg. Müsli-Riegel, 1 Pckg. Butterkekse, 3 kg Äpfel.

Summa summarum alles für knapp einen Hunderter.

Übrigens: Wer abhängig von Kaffee ist wie ich, sollte statt Instant-Kaffee den echten nehmen und eine French-Press (das ist die Kaffee-Brüh-und-Drück-Kanne) mitführen. Es lohnt sich!!!

Natürlich ist diese Liste beliebig zu erweitern. Und sie hat Schwächen. Das tägliche Brot fehlt – das sollten Sie frisch einkaufen. Und die Milch reicht höchstens für zwei Tage. Auch Frisches kommt zu kurz. Aber ich habe mich auf Vorräte beschränkt, die Sie schon 1 Woche vorher einkaufen und lagern können. Die Reisekiste sozusagen. Nehmen Sie sie als Anregung für die eigene Strichliste.

Die Ausrüstung

Jetzt geht es ans Equipment:

Die Checkliste
Gaskocher und -flasche
Topf mit Deckel
evtl. Pfanne
Kochlöffel
Bratenwender
Teigschaber
Kelle
1-Liter-Meßbecher
großer Filter
Nudelzange
Grillzange
Dosenöffner
Korkenzieher
10-Liter-Schüssel
passendes Sieb
2 x 6-Liter-Eimer mit Deckel (vom Senf- oder Ketchupeimer aus der Gastronomie besorgen)
kleinere Plastikschüsseln
6 lange Marmeladenlöffel
Salatschüssel
Salatbesteck
2 große Brettchen
1 Brotmesser
1 großes Fleischmesser
4 kleine Brettchen
4 Küchenmesser
3 Sparschäler
1 Küchenreibe mit Hobel-, Streifen-, Raspeleinsatz)
1 bis 2 Tabletts
Besteck
tiefe Teller
Gläser
2 leere 1,5-Liter-Plastikflaschen
1 Wassertank (mind. 10 Liter)
1 Spülwanne
Schwammtücher
Spülschwämme
Spülmittel
6 Geschirrtücher
2 Topfhandschuhe
Haushaltsrolle
1 Rolle Alufolie
1 Rolle Frischhaltefolie

1 Rolle TK-Beutel
1 Rolle Frühstücksbeutel
Klopapier
1 Schere
1 Taschenmesser
Plastikboxen mit Deckel
1 Kühltasche
2 bis 3 Thermobeutel
1 bis 2 3-Liter-Thermoskannen
Handfeger und Kehrblech
Putzeimer

Aller Anfang ist schwer

Die Rede ist vom Frühstück. Wenn das nicht stimmt, entgleitet Ihnen der ganze Tag. Wenn jeder für seinen Becher und sein Besteck die Verantwortung trägt, bleibt für Sie nur die Organisation der Teller: ein klares Plus. Ansonsten brauchen Sie für zehn hungrige Radler: 20 Brötchen, 500 g Schnittbrot in Reserve, 500 g Butter oder Margarine, 1 Glas Nuß-Nougat-Creme, 2 Gläser Konfitüre, 3 l Frischmilch, 2 l H-Milch, Instant-Kakaopulver, evtl. Teebeutel oder Kaffeepulver, 1 Brie, 1 Pckg. Käseaufschnitt (250 g), 1 Pckg. Aufschnitt (250 g), 1 Müslimix und etwas Obst.

❀ Nehmen Sie möglichst fertig geschnittene Wurst oder Käse: Das spart Zeit und beugt selbstgeschnittenen, fingerdicken Scheiben vor.

❀ Am besten kommt ein Mix aus Flakes und Flockenmüsli an. Mischen Sie es in einem Deckeleimer – dann ist es wiederverschließbar und bereit fürs nächste Frühstück. Und es macht richtig satt! Unsere Favoriten: Choco-Cornflakes mit Knusper-Müsli Nuß. Preiswerter: Vollkorn-Müsli mit Flakes. Für Süßschnäbel noch ein Pack Smacks.

❀ Was Heißes tut morgens gut. Tee bzw. Kaffee aus der Thermoskanne gibt's für die Älteren. Heißer Kakao aus dem Topf wird mit der Kelle ausgegeben und weckt fröstelnde Geister. Schenken Sie zuerst die Frischmilch aus – die H-Milch dient als Reserve. Reste können Sie mit dem Filter in leere Plastikflaschen füllen und später anbieten.

❀ Soll es noch Wegzehrung für unterwegs geben, schmiert sich jeder seine Stulle selbst. Dann Käse- und Wurstscheiben in doppelter Menge ausgeben und noch ein Päckchen

Schnittbrot extra. Dazu natürlich die Frühstücksbeutel legen.

🎔 Eine Alternative sind Müsliriegel – im Sommer am besten ohne Schokolade. Bei unserer bürointernen Riegelverkostung schnitten die von Aldi bestens ab: nicht zu süß, nicht zu klebrig, gut sättigend.

🎔 Getränke können ein zuckersüßes, verpackungsintensives Etwas sein. Viel besser: Mit Leitungswasser dünn angerührter Früchtetee (auf 4 l Wasser 1/2 Glas Granulat), gemischt mit 1 Pckg. Apfel-Fruchtsaftgetränk. Rühren Sie den Tee in einem Deckeleimer an und füllen ihn mit einem Trichter in Fahrradflaschen. So hat jeder seinen Durstlöscher für unterwegs – ohne Müllproblem.

Mittags bleibt die Küche kalt

Da gibt's keine Diskussionen! Oder haben Sie Lust, mitten am Tag auszupacken, anzuheizen, abzuwaschen, einzupacken? Das passiert erst abends am Ziel. Mittags gibt's Picknick. Das Herz der Angelegenheit ist der Picknickplatz. Und da der nicht immer trocken oder sauber ist, empfehle ich eine große Abdeckplastik-Plane, waldgrün, etwa 6 x 4 m (leider bei Aldi nicht stabil im Angebot. Aber bei obi). In die Mitte kommen die Fressalien, sternförmig darum die Hungrigen. Am besten jeder mit seinem Mundtuch, seinem Becher und seinem Löffelchen. Denn hier wird nicht geschmiert. Hier gibt es Fingerfood am Stück. Zum Knabbern. Zum Beispiel:

🎔 Pita oder französisches Weißbrot – in dicke Stücke geschnitten oder im Ganzen zum Selberzupfen. Und natürlich übrige Brötchen vom Frühstück.

🎔 Grünzeug, gewaschen (dafür brauchen Sie eine Schüssel mit Durchschlag) und mundgerecht geteilt, nur wenn unbedingt nötig geschält: Gurke, Tomaten, Kohlrabi, Möhren. Wenn's heiß ist, mehr, wenn's kalt ist, weniger. Denn dann frieren alle und wollen was Gehaltvolles wie …

🎔 Schinkenwurst, Gouda und Weichkäse in dicken Stücken. Hier gilt die Regel mit den Scheiben vom Frühstück nicht – Fingerfood muß man abbeißen.

🎔 Wenn Sie morgens Eier kochen konnten – toll. Zum unterschiedlichen Härtegrad siehe Seite 43.

🅟 Salz (im leeren Schraubglas, aber noch besser im Streuer), Senf und Ketchup sind ein Must. Vergessen Sie den Löffel für den Senf nicht (Herr Aldi – wäre eine Flasche nicht noch verbraucherfreundlicher?).

🅟 Obst der Saison zum Reinbeißen, natürlich.

🅟 Mit dem Trinken ist das so eine Sache: Die Wasserflaschen sind bei Aldi einfach zu klein, und Sie haben hinterher einen Berg für den Glascontainer. Limos sind einfach sehr süß – und im Sommer nicht kalt genug. Vielleicht versuchen Sie es noch mal mit Instant-Tee. Oder mischen Apfelsaft mit schön kaltem Leitungswasser 1:2 und werfen noch ein paar Brause-Vitamintabletten für den Blubber ein (pro Apfelsaft 4 Tabs).

🅟 Danach folgt der Höhepunkt jedes Picknick: Joghurts, Puddings frisch aus der Alditheke. Oder Kekse und Kuchen (besonders gut sind Madeleines).

Nach der praktischen Einleitung jetzt 15 Rezepte für die große Fahrt – von Hauptgericht bis Dessert, alle aus einem Topf. Wenn eine Beilage dazu gehört, gebe ich das am Ende des Rezeptes immer an.

Mit diesem Chili, natürlich der vierfachen Menge, fütterte ich 40 Leute. Und es schmeckte nicht nach Masse! Dazu gab es Mais-Orangen-Reis.

Der Clou bei dem Rezept sind die Erdnüsse. Und – ich muß es ja zugeben – bei mir war's ein ganzes Töpfchen Maggi mexikanische Gewürzmischung (auf die vierfache Menge, natürlich). Sie können auch zwei Tüten Fix für Chili con carne nehmen. Dann aber bitte alle anderen Gewürze streichen und nur evtl. nachsalzen!

Chili con Kasseler 🅟 *bis 40 P.*

4 Zwiebeln
2 Knoblauchzehen
500 g Paprikaschoten im Beutel
500 g Kasseler
10 EL Olivenöl
2 EL Tomatenmark
3 kleine Dosen Tomaten
1 EL Paprikapulver
1/2 TL Pfeffer
<u>**2 TL Kreuzkümmel**</u>
1 TL Koriander

2 EL gekörnte Brühe
1-2 TL Salz
1 Beutel Erdnüsse gewürzt (150 g)
Preis der Zutaten ca. 12 DM

Zwiebeln und Knoblauch abziehen und hacken. Paprika waschen, Stiele und Kerne entfernen, Schoten in Würfel schneiden (oder, wenn Sie das zu Hause kochen, mit der Küchenmaschine raspeln). Kasseler ebenfalls würfeln. Zwiebeln, Knoblauch und Tomatenmark im Öl so lange braten, bis es beginnt anzusetzen. Gewürze und Tomaten mit Saft zugeben und alles etwa 10 Minuten einkochen lassen, ganze Tomaten mit dem Löffel zerdrücken. Dann Paprika und Fleisch zugeben und alles nochmals kochen lassen. Abschmecken. Dazu paßt Mais-Reis oder Fladenbrot. Wer will, kann einen Kräuterquark oder gehackte Zwiebeln als Garnitur dazustellen.

Wie krieg' ich Geschmack ins Wurstgulasch? Mit frischen Pilzen, Zwiebeln, Möhren und Mais. Das schmeckt fast edel. Und Sie schlagen zwei Fliegen mit einer Klappe: Die Vegetarier kriegen die Pilze von allen, die keine Pilze mögen. Das kommt leider öfter vor ...

Rahm-Wurstgulasch, stückig ⑩ bis 40 P.

1 Fleischwurstring (650 g)
2-3 EL Butter
500 g Champignons
2 Zwiebeln
2 Möhren
1 Dose Mais
4 EL Tomatenmark
Salz, Pfeffer, Paprikapulver
1/4 l Gemüsebrühe (Instant)
1 Becher Schmand (200 g)
1 Becher süße Sahne (200 g)
150 g Kräuter-Frischkäse
(oder ohne Kräuter)
Preis der Zutaten ca. 10 DM

Die Wurst pellen und in 1 cm große Würfel schneiden, im Topf in 1 EL Fett rundherum anbraten, herausnehmen und zur Seite legen. Pilze abreiben und halbieren oder vierteln. Zwiebeln schälen und fein hacken. Möhren schälen und grob raspeln. Zwiebeln und

Möhren mit Tomatenmark im Fett anbraten, Pilze zugeben und unter Rühren bei großer Hitze so lange braten, bis die Flüssigkeit verkocht ist. Mais mit Saft zugeben. Brühe, Sahne und Frischkäse zugeben, aufkochen. Würzen und die Wurstwürfel zugeben und heiß werden lassen. Nochmals abschmecken. Dazu passen Reis oder Nudeln.

Tip: *Um noch mal auf die erste Version zurückzukommen: Wenn Sie viele kleine Gemüsehasser in der Gruppe haben und einen Elektroanschluß, dann sollten Sie vielleicht doch die Pürieraktion starten, bevor die Wurstwürfel wieder in den Topf kommen. Denn das Gemüse sieht dann aus wie Rahmsauce, schmeckt wie Rahmsauce, ist aber eigentlich – nur wir wissen es – Gemüse!*

In der Massenverpflegung – Profis sprechen vornehm von Gemeinschaftsverpflegung – besteht ein klarer Trend zu entweder tomatigen oder hülsenfruchtigen Eintöpfen. Nachfolgendes Rezept ist anders. Nämlich asiatisch. Nicht so richtig – aber so, wie wir es gerne haben. Bei dieser Gelegenheit beklage ich noch mal das Verschwinden der Ananasdosen bei Aldi. Aber vielleicht ergattern Sie ja eine frische: Enden abhacken, Ananas der Länge nach halbieren, dann vierteln. Mittelstrunk abtrennen, Viertel noch mal längs teilen, Schale abschneiden und die Achtel in Stücke schneiden.

Geflügel süß-sauer ⑨ bis 40 P.

400 g geräucherte Putenbrust
500 g Möhren
2 Lauchstangen
(ersatzweise 6 Zwiebeln)
200 g Walnüsse
6 EL Öl
<u>1 Dose Ananas</u> **oder 4 Orangen**
mit 1/8 l Orangensaft
1 Flasche Möhrensaft (300 ml)
1 Knoblauchzehe
1-2 EL gekörnte Brühe
3-4 EL Ketchup
flüssige Speisewürze
1-2 TL heller Saucenbinder
Preis der Zutaten ca. 12,60 DM

Die Putenbrust in 2 cm große Würfel schneiden. Gemüse waschen, Möhren schälen und in Streifen raspeln oder schneiden. Lauch von Wurzeln und welken Blattenden befreien, Stangen in fingerdicke Scheiben schneiden. Evtl. Orangen schälen, in Scheiben, dann in Viertel schneiden. Das Öl in einem Topf erhitzen, die Nüsse anbraten, bis sie duften, dann das Gemüse zugeben und unter Rühren braten, bis es beginnt anzusetzen. Dann mit dem Sud von der Ananas bzw. dem Orangensaft und dem Möhrensaft angießen. Knoblauch abziehen, in das Gemüse drücken. Fast weich dünsten. Nun erst Ananas bzw. Orangenstückchen und Pute zugeben und heiß werden lassen. Mit Ketchup und Speisewürze abschmecken. Saucenbinder einrühren und kurz aufkochen.

Tip: *Noch asiatischer schmeckt es mit geriebener Ingwerwurzel und Zitronengras. Dazu paßt Reis.*

Mit den Schinkenwürfeln ist das so eine Sache: Entweder die mageren verbrennen, oder die fetten bleiben glupschig. Es hilft nichts: Sie sollten sortieren. Fein ist die Gurke als Gemüse – sie macht den Mix frisch. Lassen Sie aber bitte die Schale wirklich dran – das hält die Sache zusammen. Das kernige Innere dagegen essen Sie so oder legen es sich auf die Nase – das gibt einen klaren Teint. Vielleicht kann man auch drin baden (wenn Sie für 100 oder so kochen). Das habe ich aber noch nicht probiert.

Gurkenkraut mit Cabanossi 🍲 *bis 40 P.*

1 Packg. Cabanossi
1 Packg. Schinkenwürfel
2 Zwiebeln
1-2 Knoblauchzehen
1-2 EL Öl
3 Salatgurken
1 Dose Sauerkraut
2 Dosen geschälte Tomaten
1 TL Salz
Paprikapulver, Pfeffer, 1 TL Zucker
2 Becher Schmand
2-3 EL getr. Schnittlauch
Preis der Zutaten ca. 13 DM

Die Cabanossi in 5 mm dicke Scheiben schneiden. Zwiebeln und Knoblauch schälen und würfelig schneiden. Fette Schinkenwürfel aussortieren, in einer beschichteten Pfanne im Öl bei kleiner Hitze auslassen. Inzwischen Gurken waschen, längs halbieren, die Kerne auskratzen, Streifen in 2 cm breite Stücke teilen. Nun die Zwiebelwürfel zum Schinken geben und kräftig braun rösten, Gurkenwürfel zufügen und etwa 5 Min. unter Rühren glasig schmoren. Diesen Ansatz mit Sauerkraut, Tomaten und Saft, Knoblauch und Cabanossi in einem großen Topf geben, gut mischen. Zum Kochen bringen und etwa 5 Minuten kochen lassen. Mit Salz, Zucker, Pfeffer und Paprika würzen. Inzwischen Schmand mit Schnittlauch und 1-2 EL Wasser verrühren und dazu reichen. Dazu passen Ofenkartoffeln oder Stampfekartoffeln oder Püree. Wenn Sie unbedingt wollen, auch Spätzle. Wie immer paßt auch Brot

---

Das nächste Rezept ist griechischen Garküchen abgeguckt. Das Prinzip ist einfach: Die Zutaten mit der längsten Garzeit kommen ganz unten in den Topf und schmoren schon mal. Währenddessen werden die übrigen Zutaten Schicht für Schicht zubereitet und aufgelegt. Am besten ist dafür ein sehr breiter Topf geeignet, der eine große Garfläche hat. Zu diesem Essen gibt's keine Beilage – außer vielleicht ein bißchen Fladenbrot.

Schicht-Schmortopf ⑪ *bis 20 P.*

2 kg Kartoffeln
2 EL Salz, 1 TL Pfeffer
3 EL Petersilie getrocknet
<u>2 EL Kräuter der Provence, getrocknet</u>
6 EL Olivenöl
500 g Zwiebeln
(am besten Gemüsezwiebeln)
500 g Zucchini oder 1 Gurke
2 Dosen geschälte Tomaten
200 g Feta
200 g Schmand
200 g süße Sahne
Preis der Zutaten ca. 8,60 DM

Die Kartoffeln waschen und schälen, in 1/2 cm dicke Scheiben schneiden. Salz, Pfeffer und die Kräuter mischen. Das Olivenöl erhitzen, die Kartoffelscheiben darin anbraten, mit 1,5

EL Würzmischung würzen, Deckel auflegen und schmoren, ab und zu umrühren. Nun die Zwiebeln schälen und würfelig schneiden, mit 1 TL Würzmischung mischen, auf die Kartoffeln streuen, weiterschmoren. Die Zucchini waschen, halbieren, Enden abschneiden und die Hälften in dünne Scheiben schneiden, mit 2 TL Würzmischung mischen und auf den Zwiebeln verteilen (ungeschälte Gurke vierteln, Kerne entfernen und dann in Scheiben schneiden). Feta mit Sahne pürieren, Schmand unterrühren. Tomaten grob kleinschneiden, samt Saft und übriger Würzmischung auf den Zucchini verteilen, 10 Min. weiterschmoren. Dann den Fetamix darübergeben, 10 Min. schmoren, bis auch die oberste Schicht heiß ist – und die Kartoffeln gar. Beim Portionieren immer von oben und unten zugleich nehmen.

Bei dieser Suppe schmilzt jeder dahin. Und es merkt garantiert keiner, daß das Gedicht aus der Tüte kommt. Sahne satt macht's möglich.

Kartoffelsamtsuppe
⑩ *bis 100 P.*

1 1/4 l Wasser
1 l Milch
8 Portionen Kartoffelpüree
(1 Pckg. mit 3 Beuteln)
300 g Doppelrahm-Frischkäse
(Cremerie, 1x Kräuter, 1x Meerrettich)
200 ml Schlagsahne
4-5 EL klare Brühe (gekörnt)
Pfeffer
2 Dosen Wienerle (10 à 50 g)
Preis der Zutaten ca. 14 DM

Das Wasser zum Kochen bringen, die Milch zufügen und dann die Püreeflocken einrühren. Den Frischkäse in Flöckchen zugeben. Alles gut rühren und so lange erhitzen, bis sich der Käse ganz gelöst hat, einmal kurz aufkochen lassen. Die gekörnte Brühe, den Pfeffer und die Würstchen hinzufügen und heiß werden lassen. Die Sahne steif schlagen und unterheben. Mit Würstchensud in gewünschte Konsistenz bringen, nochmals alles abschmecken. Mit Pitabrot auftischen.

Varianten:

Für Luxus-Reisende die Würstchen durch 200 g streifig geschnittenen Lachs und etwas Zitronensaft ersetzen.

Wandervögel peppen die Suppe mit zwei Handvoll frisch gesammelten, gehackten Kräutern auf (bitte Maiglöckchen nicht mit Bärlauch verwechseln: erst schnuppern – Bärlauch riecht knofelig und Maiglöckchen nach Miss Dior ...).

Andere nehmen getrocknete Petersilie aus dem Glas.

———

Warum eigentlich muß man immer erst die Nudeln in Unmengen Wasser – es wird und wird nicht heiß! – kochen, sich dann beim Abgießen verbrühen (die Hälfte geht sowieso daneben), um dann alles mit Sauce zu vermischen? Die ja auch erst gekocht werden muß. Warum eigentlich kocht man die Nudeln nicht direkt in der Sauce? Kulturelle Vorurteile? Vorchristliche Tabus? Ich kann Ihnen sagen, warum: weil sie höllisch leicht ansetzen. Also rühren, rühren, rühren. Wenn Sie das im Griff haben, klappt es bestens. Sie haben weniger Abwasch und verbrühen sich nicht! Lassen Sie den Topf aber nicht länger stehen – Sahne drunter und aufgetischt. Sonst quellen die Nudeln weiter, und die Angelegenheit wird knochentrocken.

Tomatennudeln ⑨ bis 20 P.

1 Zwiebel
2 Paprika
250 g Schinkenwürfel
2 EL Olivenöl
3 Packg. passierte Tomaten (1,5 kg)
3 EL Salz
ca. 1,5 l Wasser
3 Packg. Rigatoni (1,5 kg)
200 ml süße Sahne
Preis der Zutaten ca. 9,30 DM

Zwiebeln schälen und würfeln. Paprika waschen, in Streifen schneiden, dabei Kerne und Zwischenwände entfernen, Schoten würfeln. Fette Schinkenwürfel aussortieren, diese im Öl auslassen, dann die Zwiebeln zugeben und braten. Werden sie braun, die Paprikawürfel zufügen, kurz braten und dann die mageren Schinkenwürfel und das Tomatenpüree, Salz und Wasser zufügen (Vorsicht – rote

Flecken!). Alles umrühren und zum Kochen bringen, dann die Rigatoni zufügen. Etwa 15 Min. leicht kochen lassen, dabei umrühren. Sind die Rigatoni gar, aber noch bißfest, die Sahne zugeben, behutsam um- rühren, abschmecken und auftischen.

Schmeckt noch besser mit Parmesan und 1 Glas Rotwein anstelle von 1 Glas Wasser!

———

Diese kleinen Würstchen schmecken ganz toll, wenn Sie einmal den ganzen Garsud abwaschen. Tomatenmark beim Anbraten bringt jede Menge Aroma. Und wenn Sie dann die Sauce noch richtig kräftig durchkochen lassen, schmeckt keiner mehr das Pulver. Damit's nicht zu fleischig wird, kommen Möhrensaft und Äpfel rein. Die Möhren und Erbsen könnten Sie auch weglassen – aber sie machen sich ganz nett. Ein Kinderessen.

Bratwürstel in Rahmsauce
⑪ bis 30 P.

3 Packg. Nürnberger Rostbratwürstchen
2 EL Öl
1/2 Tasse Tomatenmark (1/4 Tube)
4 Äpfel
1 Glas Rotwein
1 Flasche Möhrensaft (300 ml)
1 Pckg. Delikateß Soße zum Braten
1 Glas Rotwein
1 Becher süße Sahne
1 Dose Erbsen und Möhren
Preis der Zutaten ca. 14 DM

Die Würstchenpackung in der Mitte längs zweimal so durchschneiden, daß die Würstchen dabei halbiert werden. In einem Sieb mit heißem Wasser abwaschen, mit Küchenpapier trockentupfen und in einer hohen, beschichteten Pfanne im heißen Öl kräftig anbraten. Tomatenmark zugeben und weiterbraten. Inzwischen die Äpfel waschen, achteln, schälen und vom Kerngehäuse befreien, jedes Achtel einmal durchschneiden, zu den Würstchen geben und nur kurz andünsten, mit Rotwein angießen. Dann den Möhrensaft mit dem Soßenpulver mischen, zu den Würstchen gießen und die Sahne zufügen. Unter Rühren aufkochen lassen, noch 5 Min. unter Rühren kräftig kochen lassen. Danach Erbsen und Möhren ohne Sud zugeben und heiß werden lassen. Dazu passen Reis, Spätzle oder Kartoffelpüree.

Eier kochen ist ganz einfach, auch für viele. Grundregel: kalt aufsetzen. Dann brauchen sie nicht angepiekst zu werden, was ab 10 Eiern mühsam wird und zu mindestens einem Eiercrash führt. Also: Die Eier in den Topf legen. Dann mit kaltem Wasser knapp bedecken und auf die Feuerstelle setzen. Wenn das Wasser kocht, noch 2 Min. kochen lassen, dann sind sie köstlich kernweich. In 1,5 Min. sind sie weich. Im Sommer ist es aber vielleicht besser, sie knallhart zu kochen: Mit 4 Min. sind Sie auf der sicheren Seite und aus der Salmonellen-Gefahrenzone. Kompromiß: 3 Minuten – dann hat der Dotterkern noch einen Hauch von Cremigkeit. Stellen Sie während des Kochens einen Eimer kaltes Wasser neben den Topf. Dann schnell mit Schaumlöffel oder Kelle die Eier rausheben und ab in den Eimer zum Abschrecken.

Eier in grüner Sauce ⑩ bis 30 P.

15 Eier
2 Dosen Erbsen
2 Tüten Zwiebelsuppe
1 Becher Schmand
1 Dose Kondensmilch 7 % Fett
1/2 Glas Gurkensticks
1 Pckg. Feta (200 g)
Preis der Zutaten ca. 10 DM

Die Eier wie oben beschrieben kochen. Inzwischen die Erbsen mit Sud in den Mixer werfen (Pürierstab geht auch, Sieb ist eher mühsam). Dann in einen Topf geben, das Suppenpulver zugeben und erhitzen. Den Schmand und die Kondensmilch unterrühren. Gurkensticks abtropfen lassen und in Würfelchen schneiden. Feta zerbröseln. Beides in die Sauce geben und nochmals erhitzen. Eier pellen und im ganzen (ab 20 Esser, sonst zermatschen die halben Eier) oder halbiert in der Sauce auftischen. Dazu passen Pellkartoffeln.

Tip: *Die Sauce ist salzig genug – für Eier und Kartoffeln brauchen Sie kein zusätzliches Salz mehr.*

Mit einer Pfanne haben Sie natürlich ganz andere Möglichkeiten. Sie können Rührei machen. Oder Bauernfrühstück. Oder dieses hier. Wem Feta zu exotisch ist, der nimmt körnigen Frischkäse oder Reibekäse. Achtung: Basilikum, Muskat und Knoblauch gibt's bei Aldi nicht.

Piperade mit Feta 🍽 bis 20 P.

2 rote Paprikaschoten
2 Zwiebeln
<u>2 Knoblauchzehen</u>
250 g Schinkenwürfel
<u>1 Bund Basilikum</u>
200 g Feta
8 Eier
300 g Naturjoghurt
1 TL Salz
1/2 TL Pfeffer und Paprika
<u>1/3 TL gemahlene Muskatnuß</u>
1 EL Butter oder Margarine
Preis der Zutaten ca. 8,50 DM

Paprika waschen, putzen, in Würfel schneiden. Zwiebel und Knoblauch abziehen und fein würfeln. Fetten Speck aussortieren. Basilikum waschen, trockenschütteln, Blätter abzupfen und in Streifen schneiden. Feta fein zerkrümeln.

Fette Speckwürfel im Fett zerlassen, magere zugeben und alles knusprig braten. Zwiebeln und Paprika zugeben, im Fett etwa 5 Minuten schmoren. Eier aufschlagen, mit dem Joghurt verquirlen, Basilikum unterziehen und die Mischung mit Salz, Pfeffer und Muskat würzen. Eiermix über das Gemüse gießen, Feta darüberstreuen und das Ei stocken lassen, zwischendurch hin- und herschieben. Ist es noch feucht, vom Herd nehmen und mit Speckwürfeln bestreut zu Tisch geben.

Dazu passen Pellkartoffeln oder Fladenbrot. Sie können das Gericht auch gleich auf Brotscheiben anrichten.

Variante:
🍽 Für Vegetarier 200 g Walnüsse hacken und den Speck damit ersetzen.

———

Salate. – Auf das Dressing kommt es an

Also der Kopfsalat bei Aldi – Frau Micucci schüttelt traurig den Kopf. Da können Sie glatt durchgreifen. Und der Feldsalat! Sie ringt die Hände. Aber der Eisbergsalat! werfe ich beruhigend ein. Die Rettung! Eisbergsalat von Aldi kann man nehmen. Meint auch Frau Micucci. Sonst nichts. Außerdem: Den müssen Sie nicht mehr putzen. Für zehn Personen brauchen Sie zwei pralle Köpfe, zur heißen Jahreszeit sogar drei. Die waschen Sie im ganzen, evtl. die erste Schicht Außenblätter entfernen. Dann mit einem großen Messer von oben durchteilen, Hälften auf ein Brett legen und viermal längs, dann quer, wie eine Zwiebel, schneiden. Schon haben Sie schönste, mundgerechte Salatportiönchen. Natürlich können Sie noch gewürfelte Paprika, Tomaten in Scheiben oder Raspelmöhren untermischen. Gurke sollten Sie lieber solo servieren: für den Salat vier Gurken in Streifen oder Scheiben gehobelt. Und das Dressing?

Ab und zu gibt's Fertigdressing bei Aldi. Das ist aber viel zu dick und fließt nur mit Mühe aus der Flasche. Und der Müll! Trokkendressings wiederum sparen keine Arbeit: Ein Dressing ist auch so im Nu gemacht. Am einfachsten, Sie haben einen fest verschließbaren Mixbecher – dann brauchen Sie nur zu schütteln.

Vinaigrette ⑩ bis 50 P.

3 EL Senf
3 EL Zitronensaft oder Essig
2 TL Salz
1/2 TL Pfeffer
2 EL getrocknete Salatkräuter
6 EL Olivenöl (oder Distelöl)
0,2 l kalte Gemüsebrühe (Instant)
Preis der Zutaten: ca. 0,50 DM

Senf mit Zitronensaft, Salz, Pfeffer und Kräutern verrühren, dann das Öl unterschlagen. Zum Schluß die Gemüsebrühe. Sie können statt dessen auch Wasser mit 1 TL flüssiger Speisewürze oder etwas Salz nehmen.

Tip: *Sie können dieses Dressing auf Vorrat mixen und in eine leere Flasche füllen.*

Dieses cremige Dressing paßt nicht nur zu grünem Salat, sondern auch zu Krabbencocktail, Reis- oder Gemüsesalat. Mit H-Schmand können Sie das Dressing auch aus dem eisernen Reisevorrat (S. 31) zubereiten.

Sahnedressing 🍴 bis 30 P.

2 EL Senf
2 El Ketchup
2 EL Essig
2 EL Sonnenblumenöl
2 TL Salz
je 1/2 TL Pfeffer und Paprikapulver
200 g Schlagsahne
Preis der Zutaten ca. 0,90 DM

Alle Zutaten bis auf die Sahne gut verrühren. Dann erst die Sahne langsam unterrühren – die Sauce wird schön cremig. Sie können sie – je nach Wasseranteil im Salat – noch etwas verdünnen.

Besonders gut zu Gurkensalat oder zu einem Salat aus Gurken, Tomaten, Bohnen, Paprika und Zwiebeln.

Sauerrahm-Dressing 🍴 bis 30 P.

2 Becher Vollmilchjoghurt naturel
1 Becher Schmand 20 %
3 TL Salz, 1/2 TL Pfeffer
2 EL Salatkräuter, getrocknet
Preis der Zutaten ca. 1,05 DM

Alle Zutaten einfach glattrühren – fertig.

Varianten:

🍴 Schmeckt natürlich noch besser mit einer fein gewürfelten Zwiebel oder 2 Schnittlauchbund in Röllchen oder 2-3 zerdrückten Knoblauchzehen.

🍴 Getrockneter Dill paßt besonders gut zu Gurken – gibt's aber leider nicht bei Aldi.

🍴 Mit 3-4 EL Olivenöl und 10 feingehackten Oliven und 3 Knoblauchzehen schmeckt es nach Mittelmeer.

Süßes zum Sattessen

Süßes zum Sattessen finden vor allem kleine Pfadfinder famos. Aber es muß ja nicht immer

Grießbrei sein. Ein Schmarrn tut's auch. Er muß ganz frisch und heiß aus der Pfanne gegessen werden. Wenn kein Elektroanschluß vorhanden ist, werden die Eiweiß im Ganzen untergerührt. Das tut dem Geschmack keinen Abbruch.

Müsli-Apfel-Schmarrn ⑩ bis 10 P.

200 g Knuspermüsli Frucht
1/4 l Milch
8 Eier
200 g Mehl
1 Becher Vollmilchjoghurt (150 g)
1/2 TL Salz
8 EL Zucker
6 mittelgroße Äpfel
4-6 EL Butter
Preis der Zutaten ca. 4,85 DM

Das Müsli mit der Milch übergießen und quellen lassen. Die Eier trennen. Eigelb mit dem Mehl, dem Joghurt, Salz und der Hälfte des Zuckers cremig rühren, Die Äpfel waschen, vierteln, schälen und das Kerngehäuse entfernen, Spalten in dünne Scheiben schneiden, mit Müsli und Joghurt-Eigelb-Mix mischen. Eiweiß steif schlagen und unterziehen. Butter in einer großen Pfanne oder Wok schmelzen, Teig hineingießen, Deckel auflegen und bei kleiner Hitze goldbraun backen – die Oberseite ist dann in der Mitte noch feucht. Dann in der Mitte teilen, jede Hälfte wenden und auf der anderen Seite backen. Mit zwei Gabeln zerreißen und fertig backen. Mit Zucker bestreut zu Tisch geben.

Varianten:

⑩ Wer mag, ißt dazu 1 Becher Vanillepudding, mit 1 Vollmilch-Joghurt glattgerührt.

⑩ Sie können auch die Äpfel weglassen und Apfelmus dazugeben. Oder Himbeerkompott.

⑩ Aus diesem Teig können Sie auch 3-4 sehr dicke Pfannekuchen backen und wie einen Kuchen aufschneiden. Aber das macht natürlich mehr Arbeit!

———

Diese süße Hauptspeise können Sie warm oder kalt essen. Wird sie kalt gegessen, sollten Sie erst kurz vor dem Essen die süße Sahne unterziehen – das macht den Reis saftig, der durchs Stehen etwas trocken geworden ist. Die Menge reicht für zehn Personen zum Sattessen. Als Nachtisch genügt die Hälfte! Der Trick: Milchreis wird mit Saft gekocht – dann brennt er nicht so leicht an.

Frucht-Reis 🍷 bis 20 P.
(als Dessert bis 40 P.)

1 kg Milchreis
1 EL Butter
2 l Multivitaminnektar
2 Dosen Mandarinen
200 g Walnüsse
500 g Trockenpflaumen
1 l Vollmilch
6 EL Zucker
200 g Schlagsahne
Preis der Zutaten ca. 13 DM

Reis im Topf mit Butter andünsten, mit Multivitaminsaft und dem Saft der Mandarinen angießen und aufkochen lassen. Am besten wie den Schlafsackreis (siehe Seite 25) versorgen und quellen lassen. Oder bei kleiner Hitze in 20 Min. gar ziehen lassen. Inzwischen die Walnüsse hacken und trocken rösten, bis sie duften. Pflaumen halbieren. Soll der Reis kalt gegessen werden, jetzt Milch mit Zucker mischen, mit Nüssen, Pflaumen und Mandarinen unterziehen, kalt stellen. Erst vor dem Essen die Sahne unterziehen. Wird der Reis heiß serviert, nur 1/2 l Milch mit Sahne, Zucker und den übrigen Zutaten erhitzen und unterziehen – der Reis hat dann noch Biß.

Variante:
🍷 Natürlich können Sie jedes andere Obst unterziehen, von Trauben über Erdbeeren bis Bananenstückchen.

PS.
Einfache Desserts, geschichtet oder gerührt, finden Sie in den nächsten Kapiteln. Denn – mal ehrlich – unterwegs tut's auch der Pudding aus dem Becher.

4.
Futtern unter freiem Himmel

Regelmäßig weht der erste laue Frühlingsabend in unseren Hinterhof einen Duft von Freiheit und Abenteuer. Das sind für mich nicht etwa West, Gitanes oder Marlboro, sondern Steak, Würstchen und Hühnerbein vom Grill. Und es ist nur eine Frage der Zeit, wann ich schwach werde. Dabei bin ich ein erbitterter Grillgegner. Je länger, desto stärker. Denn warum soll ich mich mit steinzeitlichen Methoden plagen, Feuer machen, das erst nicht brennt und dann immer viel zu heiß wird, mich und das Grillgut verbrennen, eine halb verhungerte Familie mit Brot füttern, wenn die Technik mir einen elektrischen Herd geschenkt hat?

Das Unglück hängt wahrscheinlich mit meinem Beruf zusammen. Oder haben Sie schon einmal bei tiefstem Schnee schnatternd auf der Terrasse Grillrezepte ausprobiert? Ich nicht nur einmal! Schließlich werden die Junihefte im März produziert. Und da kann es schon noch mal verdammt kalt werden. Ich weiß auch genau, was falsch läuft: Ich warte die Glut nicht ab. Wenn das Feuer am schönsten ist, lege ich auf. Denn irgendwie kann ich nie glauben, daß unter grauer Asche noch soviel Hitze vorhanden ist!

Letztes Mal mußten 55 Würstchen für meine Radler-Kinder dran glauben. Alle Würstchen habe ich auf Alufolie gelegt. Und vorher noch einmal einen superdicken Holzscheit aufgelegt, denn es begann zu nieseln. Also – eine Seite war glatt schwarz, bevor ich das letzte Würstchen nur auf dem Grill hatte. Merke: Für viele Grillen ist noch mühsamer! Denn das Rösten und Wenden ist nun mal Handarbeit. Und selbst die ausgeklügeltste Technik bewahrt nicht vor Pannen. Zum Beispiel dieses Jahr in Italien! Grillen mit Gästen! Diesmal schlugen die Flammen durch die Ritzen der Alugrillschalen und erfaßten die köstliche, fetttriefende Bratwurstschnecke.

Wer für viele grillt, sollte mindestens zwei Grillzangen, einen Helfer und zwei langärmelige Grillhandschuhe (gab's im Sommer bei

Aldi!) haben. Die Alufolie doppelt nehmen – blanke Seite immer schön zum Grillgut – und den Rost damit überlappend tapezieren, solange er noch kühl ist! Die Oberfläche dünn einölen – dann klebt nichts an und reißt nichts auf. Am besten geht das mit den Fingern. Wer das eklig findet, nimmt ein Stück Haushaltspapier. Das eignet sich sodann vorzüglich zum Anzünden. Sind Sie soweit? Ist das Feuer auch nicht mehr zu heiß? Dann können Sie ja getrost auflegen. Was hat Aldi hier zu bieten? Bis vor wenigen Wochen dachte ich: wenig. Aber nun haben Steaks aller Art, Hühnerbeine und Geflügelfilet zusammen mit der Gefriertruhe Einzug gehalten. Nehmen Sie sie gefroren mit. Da Sie wahrscheinlich nicht wie ich im Schnee grillen, sind die Portionen innerhalb von zwei bis drei Stunden bei Sommerhitze aufgetaut. Und da sie von den besorgten Lieferanten mit zartmachender, echt köstlicher Gewürzmischung mariniert sind, kann garantiert nichts schiefgehen. Ausnahme: Geflügel. Sie wissen schon – die Salmonellen sind dem Federvieh nicht mehr auszutreiben. Puten- und Hähnchenfilets sollten Sie also durchgrillen, bis sich innen kein rosa Tröpfchen mehr zeigt.

Und die Hühnerbeine zu Hause im Backofen vorbraten (40 Min. bei 180 Grad) – das dauert nämlich sonst ewig. Überhaupt: Bei unsicherem Wetter, hohem Kinderanteil und vorausgehenden sportlichen Aktivitäten ist schon fertiges Grillgut wie Wienerle, Rote Würstel, Kasseler, vorgebratene Hühnerbeine oder gar Leberkäs ein Segen: Sie brauchen nur noch warm zu werden. Das ist übrigens auch mein Tip für Folienkartoffeln (siehe Seite 52). Natürlich ist das nicht ganz stilecht – aber sehr entspannend. Und alle sind Ihnen dankbar. Denn hungrige Grillgenossen sind unerträglich, essen in Sekundenschnelle Ihre mit Liebe zubereiteten Salate, das Fladenbrot und das Dessert auf, so daß nachher das nackte Grillgut übrig bleibt: »Soll ich etwa das Steak so gaaanz ohne essen?« Außerdem steigen die alkoholischen Getränke bei leeren Mägen ohne Umweg direkt massiv zu Kopf mit allen angenehmen und unangenehmen Begleiterscheinungen. In so einem Fall brennt Ihnen garantiert alles an!

Noch ein Wort zur Gesundheit. Alle fertigen, bequemen Fleischwaren, die eine rosigappetitliche Färbung haben, enthalten Pökelsalz: Rote Würstchen, Wienerle, Leberkäs,

Schinken(-wurst) und Kasseler. Das kann bei großer Hitze zu Nitrosaminen führen, erst recht, wenn's angekokelt ist. Deshalb diese fertigen Fleischwaren nur ganz sanft grillen – dann passiert nichts. Helle Grillwürstchen und Nürnberger sind frei von Pökelsalz. Und die Alufolie unter dem Grillgut schützt vor Flammen und Ruß.

Und Fisch? Riesengarnelenschwänze schmecken natürlich toll – sind aber teuer. Eine Alternative sind Grillspieße (siehe Seite 56). Den Lachs können Sie salzen, mit Zitronensaft beträufeln und in Alufolie packen – in 5 Min. ist er gar. Damit ist bei Aldi das Thema Grill & Fisch erschöpft. Weiter mit Brot:

Fladenbrot, das Knoblauchbaguette oder die Baguettebrötchen lassen sich auf Alufolie über dem Grill aufbacken. Sie können auch Fladenbrot als Pizza belegen (Rezept Seite 55) und auf dem Grill fertigbacken. Das ist für Vegetarier eine tolle Alternative und macht selbst Massen satt. Und weil der Platz auf dem Grill begrenzt ist, sollten Sie die Glut für Gemüse oder Kartoffeln in Folie nutzen.

Doch Grillstreß muß nicht sein. Es gibt herrliche Picknicks mit Salaten, kaltem Braten, mariniertem Gemüse, Pies und Dips! Wer unbedingt will, kann sich ja ein Würstchen grillen. Sie selber liegen derweil entspannt im Grase und lassen sich die guten Dinge schmecken, die Sie in aller Ruhe in Ihrer Lieblingsküche gezaubert haben. Übrigens können Sie auch auf die Rezepte des nächsten Kapitels zurückgreifen. Denn alles, was transportfest ist, eignet sich bestens für Picknicks und Gartenpartys.

Getränke beim Picknick

Und die Getränke? Die sollten kühl sein. Und genau da liegt das Problem. Praktisch, wenn Sie an einem kühlen Bach, am Strand oder an einem See feiern: Nichts kühlt besser als kaltes Wasser. Damit die Flaschen nicht davongetrieben werden, am besten einen Flaschenträger mitnehmen und die Flaschen hineinstellen. Auf der grünen Wiese und am Waldrand ist es komplizierter. Nehmen Sie für vier Wein- oder Saft- bzw. acht Bierflaschen eine Thermotasche von Aldi und geben zur Kühlung etwa 4 Elemente pro Tüte hinein. Am besten vorkühlen. Eiskalten Saft, Eistee oder

Wasser können Sie zu Hause mit Eiswürfeln in die Thermoskanne füllen: Das gibt kühle Getränke für einige Stunden.

Wenn Sie das große Fressen aber im eigenen Garten machen, dann haben Sie schon fast eine »Massenverköstigung zu Haus«. Und dafür gibt's im 6. Kapitel noch mehr Tips und Rezepte.

Aus der Glut

Wenn Sie genug Zeit haben und die Kartoffeln oder das Gemüse weniger als 80 g wiegen, dann können Sie es tatsächlich roh in die Glut legen. Nach etwa 40 Minuten ist es gar. Und wenn Sie in runde Knollen einen langen Nagel stecken, noch etwas schneller. Wichtig: Drehen Sie die glatte Seite der Folie dem Gargut zu – dann dringt die Hitze besser ein. Alles muß einzeln verpackt werden. Nur zarte Möhren können Sie mal im Mehrfachpack garen. Hier ein paar raffinierte Vorschläge. Aber Sie können die Wurzeln und Knollen natürlich auch naturel einwickeln und später mit Krabbenbutter, Butter oder Kräuter-Frischkäse bestreichen. Auch Kohlrabi, Rote Bete und Weißkrautspalten schmecken toll. Aber die habe ich bei Aldi bisher noch nie gesehen!

Folienkartoffeln und -gemüse ⑨ *bis 20 P.*

10 möglichst dicke Kartoffeln
20 Walnußkerne
5 EL Butter, 1 TL Salz
10 dicke Möhren
1 Zitrone
2 EL Olivenöl, 1/2 TL Salz, Pfeffer
10 dicke Zwiebeln
<u>**10 Lorbeerblätter**</u> oder
<u>**1 Rosmarinzweig**</u>
Preis der Zutaten ca. 4,20 DM

Kartoffeln mit Schwamm unter Wasser gründlich waschen. Nüsse hacken, mit Butter und Salz verkneten. 10 Stücke Alufolie passend reißen, mit Butterlöckchen belegen und die Kartoffeln darin einpacken.

Die Möhren waschen und putzen. Zitronenschale abraspeln, mit 1 EL Zitronensaft, Olivenöl und Gewürzen mischen. 10 Stück Alufolie zurechtlegen, zwei Möhren versetzt neben-

einanderlegen, mit Zitronenmix beträufeln, einpacken.

Zwiebel schälen, Lorbeer oder Rosmarinnadeln in die Knollen stecken und in Alufolie wickeln.

Das vorbereitete Gemüse in den auf 200 Grad vorgeheizten Backofen legen und je nach Größe 45-60 Min. vorgaren. Die Zwiebeln sind in 20-30 Min. fertig. Zum Aufbacken noch etwa 10-15 Min. in die Glut legen.

Zartes Gemüse gart auf der Glut am besten. Wenn Sie wenig Zeit haben, können Sie es wie die Italiener einfach in dünne Scheiben schneiden, mit Olivenöl beträufeln und grillen, dann einfach mit Salz und Pfeffer bestreuen und mit Zitronensaft oder Balsamico beträufeln.

Grill-Auberginen ⓣ bis 30 P.

2 Auberginen
2 TL Salz
2 EL Olivenöl
Preis der Zutaten ca. 2,90 DM

Die Auberginen waschen, Stiele abschneiden, Auberginen längs in ca. 1/2 cm dünne Scheiben schneiden. Jede Scheibe salzen, Auberginen wieder zusammensetzen, mit einem Brettchen beschweren und darauf Konservendosen (z.B. Sauerkraut) setzen. Nachdem die Auberginen Wasser gezogen haben, nochmals kräftig zusammendrücken und dann mit Küchenpapier jede Scheibe abwischen. Alufolie auf dem Grill ölen, Auberginenscheiben von beiden Seiten goldbraun grillen. Jeder bekommt eine Scheibe. Also lieber gleich die doppelte Menge auflegen! Mit Pesto noch mal so gut!

Grill-Pilze ⓣ bis 10 P.

500 g Champignons
100 g gemahlene Haselnüsse
(oder ganze zum Selbermahlen)
150 g Kräuter-Frischkäse
3 EL Petersilie gefriergetrocknet
Preis der Zutaten ca. 5,50 DM

Stiele aus den Pilzen drehen (Geben Sie sie zur nächsten Bouillon, aber fangen Sie nicht an, sie kleinzuhacken), Pilze mit Küchenpapier säubern – nicht waschen, sie reagieren wie wahre Schwämme. Nüsse mit Käse und Petersilie verrühren und die Masse in die Köpfe streichen. Einfach auf den Grill legen, bis die Füllung geschmolzen ist. Frisch geriebener Parmesan krönt diese Pilze!

Der Speck aromatisiert mit seinem schmelzenden Fett den Maiskolben. Sie können, aber müssen ihn nicht mitessen, denn er verbrennt sehr schnell.

Speck-Mais

10 Maiskolben
Salz
1 Prise Zucker
1 Stück Bauchspeck (300 g)
Holzspießchen
Preis der Zutaten ca. 10 DM

Maiskolben schälen, in sprudelnd kochendem Salzwasser mit einer Prise Zucker 10-20 Minuten (ja nach Zartheit des Mais) vorgaren. Nun die Schwarte vom Speck schneiden und so viele dünne Scheiben wie möglich schneiden. Sind es nicht zehn, müssen Sie die dicksten nochmals längs halbieren. Speckstreifen um die Kolben wickeln, mit je einem halben Holzspießchen die Enden feststecken. Auf der Alufolie knusprig braun grillen, ab und zu wenden.

Parmesan-Zucchini

1 kg Zucchini
6-8 EL Olivenöl
2 TL Salz
6 EL geriebener Parmesan
(oder Reibekäse)
Preis der Zutaten ca. 2,40 DM

Zucchini waschen, Enden abschneiden, Zucchini in 1/2 cm dicke Scheiben schneiden, salzen und durch einen Teller mit Olivenöl ziehen, grillen. Wenden und die braune Oberseite mit Parmesan bestreuen, fertig grillen. Ganz toll schmeckt es, wenn Sie unter das Öl 1 EL Basilikum in Öl oder Pesto mischen.

Tomaten finde ich am besten im ungefüllten Zustand: Setzen Sie sie so lange auf den Grill, bis die Haut platzt.

Natürlich können Sie auch die Fertigpizza aus TK- oder Kühltheke nehmen. Aber das ist nicht sehr originell. Und nicht so gut. Und außerdem teurer! Die Pita-Pizza funktioniert am besten, wenn die Hitze auch von oben kommt. Aber auch mit reiner Unterhitze vom Grill wird's was: Haben Sie nur Geduld!

Käse-Pita-Pizza ⓣ bis 30 P.

1 Fladenbrot
150 g Frischkäse Pfeffer
150 g dän. Blauschimmelkäse
200 g Hinterschinken
1 kg Tomaten
4 Mozzarella
Pfeffer
Basilikum, am besten frisch
Preis der Zutaten ca. 12,50 DM

Die Pita quer aufschneiden, beide Hälften mit einer Mischung aus Frischkäse und Blauschimmelkäse bestreichen. Tomaten waschen, in Scheiben schneiden, Stielansätze entfernen, Scheiben auf dem Käse verteilen, Schinken in Streifen schneiden und zwischen die Tomaten legen. Mozzarella abtropfen lassen, würfelig schneiden und auf den Schinken streuen, pfeffern und auf dem Grill backen, bis der Mozzarella beginnt zu schmelzen. Wie eine Torte aufschneiden.

Varianten:
Gut vorzubereiten und eine witzige Alternative sind gefüllte Baguettebrötchen vom Grill. Dazu pro Person 1 Brötchen halbieren, mit 2 EL Tomatenmark-Butter-Mix bestreichen, salzen und pfeffern. Je nach Geschmack mit 1 Scheibe Salami und 2 Scheiben Gouda oder 1 Scheibe Schinken und einer Chester-Scheiblette füllen. Oder mit 2 EL Schmand bestreichen und mit 1 EL Krabben und 1 EL Schinkenstreifen und 3 EL Reibekäse füllen. Brötchen in Alufolie packen – blanke Seite nach innen – und 10-15 Min. grillen, dabei wenden. Aber bitte nicht für mehr als 20 Personen – es sei denn, alle helfen mit schmieren.

———

Aufspießen macht einfach ganz schön Arbeit. Und wer nicht so viele Metallspieße hat, muß aufpassen, daß die Holzspieße nicht anbrennen. Am besten umwickeln Sie die Enden mit Alufolie. Aber Spieße machen aus wenig viel, sparen Beilage und Salat und machen einfach was her. Ich schlage Ihnen drei Versionen für jeweils zehn Spieße vor.

Spieß-Dreierlei 🅜 bis 10 P.

Für Kinder-Wurstspieße:
2 Ringe Schinkenwurst
2 Salatgurken
500 g Paprika
200 g Gouda in Scheiben
6 EL Ketchup
Preis der Zutaten ca. 12,80 DM

Für die Garnelenspieße:
2 Packg. Riesengarnelenschwänze
3 Zitronen
Salz, Pfeffer, 1 Glas Weinbrand
500 g Zucchini
500 g Kirschtomaten
evtl. <u>**1 Knoblauchknolle**</u> und
<u>**1 Rosmarinzweig**</u>
Preis der Zutaten ca. 23,70 DM

Für die Gyrosspieße:
1 Pckg. TK-Gyros (500 g)
300 g Bauchspeck
4 Zwiebeln
500 g Trockenpflaumen
Preis der Zutaten ca. 9,10 DM

Für die Kinderspieße Gemüse waschen. Wurst und Gurke in fingerdicke Scheiben schneiden. Paprika putzen, in ähnlich große Rauten schneiden. Käse in etwas kleinere Stücke schneiden. Nun alle Zutaten im Wechsel dicht an dicht auf den Spieß stecken. Mit Ketchup dünn einpinseln.

Für die Garnelenspieße die Garnelen auftauen, salzen, pfeffern und mit einem Mix aus Weinbrand und dem Saft einer halben Zitrone beträufeln. Gemüse waschen, Zucchini in 1/2 cm dicke Scheiben schneiden, salzen und pfeffern. Zitronen in dünne Scheiben schneiden, halbieren. Alle Zutaten im Wechsel aufspießen. Evtl. ganze, geschälte Knoblauchzehen und Rosmarin dazwischenstecken.

Dips wirken Wunder

Dips machen aus nackten Würstchen und Steaks eine Delikatesse. Sie können sie im Nu aus »Aldi-Basics« zaubern. Wenn auch ein paar Kleinigkeiten wie Curry oder Kräuter im Sortiment fehlen. Sesam und Worcestersauce wären auch ganz schön. Im übrigen finden Sie im Buch noch mehr Dips verteilt: Die grüne Sauce (Seite 58) peppt Fisch und Geflügel auf, Walnuß-Tsatsiki (Seite 64) paßt nicht nur zu Möhren, sondern auch zu Steaks und Würstchen, Krabben- und Walnußbutter (Seite 84) geben aufgebackenem Fladenbrot oder Folienkartoffeln den letzten Kick. Schinkenmousse (Seite 82) ersetzt die ganze Grillade – Sie können sie entspannt mit einem leichten Roten auf der Wiese genießen. Forellencreme (Seite 83) schreit nach Schampus – und guter Kühlung. Hier ein süß-saurer Dip zu Gepökeltem oder Geflügel und Lachs.

Pfirsich-Senf-Dip 🍶 bis 30 P.

150 g Cashewnüsse
1 Zwiebel
1 Dose Pfirsiche
1/2 Glas Senf
2 EL Zitronensaft
2 EL Tomatenmark
2 EL Currypulver
1 TL Salz, Pfeffer
150 g Frischkäse mit Pfeffer
Preis der Zutaten ca. 6,10 DM

Die Nüsse fein hacken. Zwiebel abziehen, halbieren und fein würfelig schneiden. Pfirsiche abgießen (Saft mit drei Teilen Mineralwasser und 1/2 Glas Zitronensaft zur Limonade mixen), pürieren. Frischkäse nach und nach mit Senf, Nüssen und einigen Löffeln Pfirsichmus cremig rühren (nicht pürieren – er wird sonst dünn), dann alle Zutaten miteinander vermischen.

Varianten:
🍶 Ein Schuß Weinbrand rundet den Dip ab.
🍶 Gewürzte Erdnüsse schmecken auch sehr gut.
🍶 Wenn Sie statt Frischkäse Quark unterziehen, wird der Dip leichter, aber etwas dünner.

Dieses Rezept lebt von frischen Kräutern. Vieleicht erwischen Sie ein paar Töpfchen im Lieblingsdiscounter. Sonst müssen Sie halt mal fremdgehen. Zumindest teilweise. Die Sünde lohnt sich: zu Kartoffeln aller Art, zu Grillgemüse oder einfach zu Brot. Wenn alle Stricke reißen: Nehmen Sie den Kräuterquark pur.

Grüne Sauce ⑪ bis 30 P.

8 Eier
4 EL Senf
300 g Vollmilch-Joghurt
150 g Kräuterfrischkäse
6 EL Remoulade
200 g gemischte Kräuter für Frankfurter grüne Soße (z.B. Petersilie, Dill, Kerbel, Estragon, Sauerampfer, Borretsch, Pimpernell, Zitronenmelisse, Liebstöckel), das sind etwa 5 Töpfchen
<u>100 g Blattspinat</u>
1 EL Salz, Pfeffer
1 Prise Zucker

Preis der Zutaten ca. 11,10 DM

Die Eier hart kochen (vgl. Seite 43), abschrecken und pellen. Die Eigelbe durch ein Haarsieb drücken, mit dem Senf, dem Sauerrahm und dem Frischkäse verrühren. Die Eiweiße grob hacken.

Die Kräuter und den Spinat waschen und trockenschütteln. Die Blättchen von den Kräutern abzupfen und fein hacken, den Schnittlauch in feine Röllchen schneiden. Vom Spinat die Stiele wegschneiden und ihn ebenfalls fein hacken. Die Kräuter, den Spinat und das gehackte Eiweiß unter die Sauce mischen und mit Salz, Pfeffer und Zucker abschmecken. Oder alle Zutaten außer dem Sauerrahm in den Mixer werfen, Sauerrahm später unterziehen und alles eine Weile stehen lassen – es wird dann wieder dicker.

Varianten:

Tomatig-cocktailmäßig wird es, wenn Sie statt Kräuter- Paprikafrischkäse, statt Remoulade halb Ketchup, halb Tomatenmark und statt Kräutern eine fein gewürfelte Paprikaschote unterziehen. Mit Paprikapulver würzen.

Salate, die Knackis bleiben

Picknick-Salate müssen hitzefest sein. Deshalb dürfen Sie die Nudeln nicht ganz weich kochen, das Dressing muß reichlich und sehr würzig sein, denn es zieht nach und nach ein.

Sauerkraut-Cabanossi-Salat
🍲 *bis 30 P.*

500 g Penne
2 EL Salz
1 EL Öl
1 Dose Sauerkraut (850 ml)
500 g Paprikaschoten
1 Packung Cabanossi (300 g)
2-3 EL Weißweinessig
5 EL Senf
100 ml kräftige, gekörnte Brühe
100 ml Olivenöl
1 gehäufter EL Paprikapulver
schwarzer Pfeffer
Preis der Zutaten ca. 7,36 DM

Die Penne in reichlich kochendem Wasser mit 2 Eßlöffeln Salz und 1 Eßlöffel Öl sehr bißfest garen (nur ca. drei Viertel der auf der Packung angegebenen Zeit, also 10 Min.). Die Nudeln mit kaltem Wasser sehr gut abschrecken und abtropfen lassen. Das Sauerkraut aus der Dose nehmen, den Saft auffangen, das Kraut etwas kürzer schneiden. Die Paprika waschen, putzen und in Streifen schneiden. Die Cabanossi halbieren, dann erst in dünne Scheiben schneiden und mit dem Sauerkraut, den Paprika und den Nudeln mischen. Den Sauerkrautsaft mit Essig, Senf, Brühe und Öl verrühren. Mit Paprika, Pfeffer und etwas Salz kräftig abschmecken. Das Dressing unter den Salat mischen. In einer dicht schließenden Schüssel läßt sich der Salat transportieren.

Variante:
Sie können auch statt Sauerkraut ca. 600 g frischen, fein gehobelten Weißkohl verwenden. Das Kraut mit knapp 1 l kräftiger, heißer Brühe übergießen. (Dann die 100 ml aus dem Dressing streichen.) Dafür doppelt soviel Essig nehmen.

Rohe Zucchini bleiben im Salat schön knackig. Knoblauch und Basilikum in Öl müssen Sie zukaufen, sonst schmeckt's nicht echt!

Mittelmeer-Salat ⑭ bis 30 P.

5 Packungen (à 125 g) Mozzarella in Lake
2 TL Salz, weißer Pfeffer
<u>**1 EL Basilikum in Öl**</u>
3 EL getrocknete Salatkräuter
7-8 EL Essig
5 Knoblauchzehen
100 g Parmesan
7-8 EL Olivenöl
1 kg kleine Strauchtomaten (ideal: Kirschtomaten)
1 kg möglichst kleine Zucchini
1 Dose weiße Bohnen mit Suppengrün
Preis der Zutaten ca. 15,25 DM

Die Mozzarella-Kugeln aus der Lake nehmen. Die Lake aus zwei Packungen mit Salz, Pfeffer, Kräutern und Essig verrühren. Die Kugeln in ca. 1,5 cm große Würfel schneiden.

Den Knoblauch schälen und durch eine Presse drücken, mit Parmesan, Kräutern, Gewürzen und Öl in die Mozzarella-Lake rühren und die Käsewürfel darin 6-8 Std. lang marinieren. Gemüse waschen, Kirschtomaten ganz lassen, Tomaten sonst je nach Größe halbieren oder vierteln. Dabei die grünen Stielansätze wegschneiden. Die Zucchini je nach Dicke längs halbieren oder vierteln und in fingerbreite Scheiben schneiden. Das Gemüse zum Käse in die Marinade geben. Die weißen Bohnen im Sieb abgießen, kalt abschrecken und unter die Käse-Gemüse-Mischung ziehen und sehr würzig abschmecken.

Variante:
Noch pikanter wird es, wenn Sie zwei Mozzarella durch zwei Feta ersetzen.

Sommerliche Vorspeisen zum Sattwerden

Thunfischsauce gehört eigentlich zu Kalbfleisch, zumindest in Italien. Mit Ei wird sie eine sommerliche Vorspeise. Sie paßt auch toll zu kaltem Huhn (natürlich das aus der TK-

Truhe) und zu gegrilltem Gemüse oder Foliengemüse. Am besten schmeckt es mit Kapern. Aber da streiken die Herren Albrecht. Warum auch nicht? Es geht ja schließlich auch mit sauren Gurken.

Gekochte Eier in Thunfischsauce
🐟 *bis 30 P.*

10 Eier
je 3 EL getrocknete Petersilie
und Basilikum
2 Dosen Thunfisch naturel (à 195 g)
200 g Frischkäse (ungekühlt)
ca. 150 ml Fleischbrühe
1 Zitrone
100 ml Olivenöl
4 EL Remoulade
1 TL Salz
Pfeffer
6 Cornichons
Preis der Zutaten ca. 7,30 DM

Die Eier kernweich (also 3 Min., wie auf Seite 43 erläutert) kochen, abschrecken, pellen und kalt werden lassen.

Kräuter mit Thunfisch samt Sud, Frischkäse und Brühe pürieren. Die Zitrone auspressen, den Saft, das Öl und die Remoulade zugeben und weiter pürieren, bis eine cremige Masse entsteht. Mit Salz und Pfeffer abschmecken. Die Gurken fein würfeln. Die kalten Eier halbieren und auf der Sauce anrichten. Mit der gewürfelten Gurke garnieren.

Dazu gibt es Fladenbrot. Oder stilecht aufgebackenes Ciabatta.

Tip: *Statt der getrockneten Kräuter können Sie je ein sehr dickes Bund Petersilie und Basilikum verwenden.*

Wollen Sie Fleisch ohne Grillen, dann liegen Sie mit dieser süß-sauren Putenmarinade richtig. Raffinierter als Zwiebelwürfel sind zwei bis drei hauchdünn geschnittene Frühlingszwiebeln.

Marinierte Paprika-Putenbrust
🐟 *bis 40 P.*

ca. 1 kg geräucherte Putenbrust
(3-4 Stücke)
1 Zwiebel

1 Dose Mandarinen
2 EL Salatkräuter
3 EL Sonnenblumenöl
4 EL Essig
1 EL Ketchup
1 TL Pfeffer
1 EL mildes Paprikapulver
2 EL flüssige Speisewürze
4 cl Sherry
1 TL Honig
4 Tomaten
Preis der Zutaten ca. 15,40 DM

Die Putenbrust in möglichst dünne Scheiben schneiden, in eine flache Auflaufform schichten. Die Zwiebel abziehen und sehr fein würfeln, mit den Mandarinen samt Saft und den übrigen Zutaten – bis auf die Paprika – verrühren. Auf den Putenscheiben verteilen und mindestens zwei Stunden in dieser Marinade ziehen lassen. Die Tomaten mit kochendem Wasser überbrühen, pellen, Kerne entfernen und die Tomaten in Würfel schneiden, über das Fleisch streuen.

Dazu paßt Baguette oder Pita-Brot.

Variante:
Exotisch schmeckt die Marinade mit 1 TL getr. Zitronengraspulver, 2 EL fein gewürfeltem Ingwer in Sirup und einer fein gehackten Knoblauchzehe. Und wenn Sie sowieso beim Chinesen sind, die Speisewürze durch Sojasauce ersetzen.

———

Endlich kommt es zum Einsatz, das flexible Backblech, beschichtet mit extra hohem Rand, das ich vorgestern bei Aldi aktuell ergatterte. Ich traf vor dem heiß umkämpften Grabbel-Korb sogar eine befreundete Bankiersgattin, die ein Hauskonzert mit Hausgebackenem ausrichten wollte. Anstandshalber fragte sie mich noch nach dem Platz des Olivenöls. Die Bankenfusionen setzen eben auch der Führungsetage zu. Da müssen die Frauen den Haushalt konsolidieren!

Tomaten-Quiche ⑪ *bis 30 P.*

400 g Mehl
250 g Magerquark
100 ml Öl
Salz

300 g Kräuter-Frischkäse
5 Eier
500 g Magerquark
1 kg kleine Tomaten
weißer Pfeffer, Muskat
Preis der Zutaten ca. 8,70 DM

Mehl, Quark, Öl und gut 1/2 Teelöffel Salz rasch zu einem geschmeidigen Teig kneten.

Das tiefe Blech einfetten und mit Mehl bestäuben oder mit Backpapier auslegen. Backofen auf 200 Grad vorheizen.

Den Teig zwischen Folie dünn ausrollen und das Blech damit auslegen. Den Teig mit einer Gabel mehrmals einstechen. Etwa 10 Minuten vorbacken.

Die Eier trennen. Den Frischkäse mit Quark und den Eigelben gut verrühren, mit den Gewürzen pikant abschmecken. Die Eiweiße steif schlagen, unterziehen. Masse auf dem Boden verteilen.

Die Tomaten waschen, halbieren, Stielansätze entfernen, mit der Schnittfläche in den Käse-Schaum drücken. Die Quiche im Ofen in etwa 45 Minuten fertig backen.

Tip: *Eilige nehmen zwei Rollen Blätterteig!*

———

Salzige Kuchen ersetzen glatt einen großen Braten. Vorteil: Sie können sie schon einen Tag vorher backen. Auch gut geeignet zum Mitnehmen.

Paprika-Feta-Pastete
⑩ *bis 30 P.*

1 Rolle Blätterteig
500 g Paprikaschoten
500 g Zwiebeln
<u>2 Knoblauchzehen</u>
3 Eßl. Olivenöl
1/2 TL Salz, Pfeffer
<u>geriebene Muskatnuß</u>
200 g Feta
400 g Kräuterquark
5 Eier
Preis der Zutaten ca. 7,40 DM

Paprika waschen, putzen und in Streifen schneiden. Zwiebeln und Knoblauchzehen abziehen und in feine Würfel schneiden. Das Gemüse im Öl kräftig braten, bis es bräunlich wird, mit 1/2 TL Salz, Pfeffer und Muskat würzen. Den Feta mit dem Pürierstab sehr fein pürieren. Nach und nach die Eier zugeben und mitpürieren. Ein Ei trennen, nur das Eiweiß verwenden, das Eigelb zur Hälfte beiseite tun, die andere Hälfte in die Käsemasse rühren. Den Quark unterziehen und die Masse mit etwas Pfeffer abschmecken. Eine 26-cm-Kastenform oder eine ähnlich große Pastetenform einfetten, mit dem Teig auslegen und rundherum an den Seiten andrücken. Den Backofen auf 200 Grad (Gas Stufe 3) vorheizen.

Ein Drittel Käsemasse in die Form gießen, ein Drittel Gemüse einschichten. Mit dem zweiten Drittel Käse bedecken. Dann wieder Gemüse einschichten und den restlichen Käse darauf verteilen. Mit dem restlichen Gemüse abschließen. Teig darüber zusammenschlagen, an den Nahtstellen zusammendrücken. Mit einem Fingerhut zwei »Kamine« ausstechen. Das halbe Eigelb mit einigen Tropfen Wasser cremig rühren, die Pastete damit einpinseln. Auf der unteren Schiene im Backofen 50 Minuten backen. Wird die Pastete zu dunkel, mit Backpapier abdecken.

Das ist eine köstlich einfache türkische Vorspeise. Mit aufgebackener Pita gibt's eine tolle Hauptmahlzeit, lauwarm eine raffinierte Vorspeise oder Beilage zu Kurzgebratenem vom Grill. Läßt sich gut vorbereiten und mitnehmen!

Schmormöhren auf Nuß-Tsatsiki
⓾ bis 30 P.

2 kg Möhren
5-6 EL Olivenöl
3 TL Salz, 1 TL Pfeffer
1 Zitrone
200 g Walnüsse
1 Salatgurke
4 Pckg. (800 g) Tsatsiki
Salz, Pfeffer
Preis der Zutaten ca. 10 DM

Die Möhren waschen und schälen, längs halbieren oder vierteln – je nach Dicke. In einem flachen, großen Topf die Möhren im Öl anbraten. Mit Salz und Pfeffer würzen. Die Zitronenschale abreiben, die Zitrone auspressen. Schale und die Hälfte Saft zu den Möhren geben, Deckel auflegen und 20-30 Min. schmoren. Zwischendurch den übrigen Saft zugeben. Die Walnüsse grob hacken und in einer beschichteten Pfanne ohne Fett rösten, bis sie duften. Gurke waschen, Enden abschneiden und die Gurke mit Schale grob raspeln. Gurkenraspel, Nüsse und Tsatsiki mischen, mit Pfeffer und Salz abschmecken. Möhren auf einer Platte anrichten, Tsatsiki in eine Schale geben. Den orangeroten Möhrenfond über den Tsatsiki träufeln.

Variante:
Besonders exotisch schmeckt es, wenn Sie 1 Bund gehacktes Koriandergrün unter den Sauerrahm ziehen.

Lauch läßt sich wunderbar einlegen und schmeckt nach zwei Tagen am besten!

Sekt-Lauch mit Sultaninen
🍮 *bis 50 P.*

2 kg Lauch
4 EL Pflanzenöl
2 Piccolo (400 ml)
1 Zitrone
1 1/2 TL Salz

1 Bund Thymian
1/2 TL Pfeffer
200 g Sultaninen
Preis der Zutaten ca. 9,10 DM

Von den Lauchstangen die Wurzeln und die dunkelgrünen Blattenden abschneiden. Die Stangen der Länge nach aufschneiden und unter fließendem Wasser gründlich waschen. Abtropfen lassen und schräg in etwa 4 cm lange Abschnitte teilen.
Das Öl in einem großen, breiten Topf erhitzen, die Lauchstücke darin kräftig anrösten und dann mit Sekt ablöschen. Die Zitrone auspressen und den Saft ebenfalls zufügen. Die Gewürze zugeben. Die Sultaninen mit heißem Wasser überbrühen und waschen. Zufügen und etwa 10 Minuten leicht köcheln lassen, bis der Lauch gar ist. Im Sud abkühlen lassen und servieren.

Varianten:
🍮 Asiatisch schmeckt der Lauch mit 1 EL gehacktem Ingwer und Zitronengras statt Thymian.

🍮 Wenn Sie eine Stunde vor dem Servieren zwei kleine Gläser Krabben abgießen und die Krabben im Lauchgemüse verteilen, wird es mit Brot ein sättigendes Gericht.

🍴 Sie können statt der Sultaninen drei bis vier säuerliche Äpfel mit Schale in Spalten schneiden und fünf Minuten mitgaren.

Und süß muß es sein

Diesen Nachtisch können Sie gefroren mitnehmen: Er taut dann zum köstlichen Pudding auf.

Geeiste Vanilleflammerie
🍴 bis 30 P.

1 Zitrone
60 g Butter
120 g Zucker
6 Pckg. Vanillinzucker
3/4 l Milch
100 g Speisestärke
400 ml Schlagsahne
Preis der Zutaten ca. 3,25 DM

Die Zitronenschale abreiben. Beide Zucker mit der Butter cremig rühren, die Zitronenschale zufügen.

Ein Glas Milch abnehmen und die Stärke damit anrühren. Die restliche Milch aufkochen, die angerührte Stärke unter Rühren einfließen lassen und den Brei nochmals aufkochen, erkalten lassen.

Die Schlagsahne steif schlagen, unter den Brei ziehen. Eine Kastenform mit Alufolie (blanke Seite nach oben) auslegen und einölen. Die Masse einfüllen und mindestens sechs Stunden ins Gefrierfach stellen.

Vor dem Essen stürzen, die Folie abziehen und die Flammerie 30 Min. stehen (und antauen) lassen.

Beeren-Bananenmark 🍴 bis 30 P.

1 Dose Himbeeren (425 ml)
1 Zitrone
1 große, reife Banane
evtl. etwas Zucker
Preis der Zutaten ca. 1,45 DM

Himbeeren auf ein Sieb geben. Zitronensaft auspressen. Die Banane schälen, in Stücke schneiden und mit den Beeren und dem Zitronensaft pürieren. Evtl. mit etwas Zucker abschmecken oder wieder etwas Himbeersaft zufügen. Als Sauce zu Flammerie, Eis oder Pfannekuchen reichen.

Tip: *Statt Beerencocktail können Sie auch Himbeeren, Heidelbeeren oder frische Erdbeeren verwenden.*

Cassata 🍷 bis 20 P.

1 Dose Himbeeren (425 ml)
1 EL Speisestärke
100 g Honig (4-5 EL)
250 g fettarmer Joghurt 1,8 % Fett
(Himbeere/rote Johannisbeere)
400 g Schmand
200 ml Sahne
Preis der Zutaten ca. 5,40 DM

Die Himbeeren auf ein Sieb geben und gut abtropfen lassen. Den Saft auffangen. Die Stärke mit 1-2 EL Saft anrühren, restl. Saft aufkochen lassen, die Stärke unter Rühren einfließen lassen und nochmals aufkochen, den Honig zugeben und abkühlen lassen. Den Fruchtjoghurt mit dem Schmand verrühren und unter den angedickten Saft ziehen. Die Sahne steif schlagen und mit den Himbeeren unter den Mix heben. Eine Metallschüssel (die leitet am besten die Kälte, aber zur Not geht auch Plastik) oder Kastenform mit kaltem Wasser ausspülen und die Creme einfüllen. Im Gefriergerät in mindestens 7 Std. ganz durchfrieren lassen. Zum Servieren um die Schüssel ein in heißes Wasser getauchtes Tuch legen und die Cassata auf eine Platte stürzen. Evtl. mit Sahnetupfern aus der Sprühdose und/oder Schokostreuseln verzieren.

Keine Angst vor Gelatine!

Gelatine gibt's ja leider nicht bei Aldi. Wahrscheinlich, weil sich die deutschen Hausfrauen davor fürchten. Müssen sie aber nicht. Nein – ich möchte jetzt nicht über BSE reden! Versetzen Sie sich einfach in die Situation der Gelatine: Im Gelzustand, also wenn sie in Wasser eingeweicht wurde und glibberig, aber faßbar ist, wird sie bei Wärme flüssig, bei Kälte fest. Wie wir alle reagiert sie auf plötzliche Abkühlung mit Schock. Das bedeutet: Erst tropfnaß erwärmen und dabei auflösen, dann nach und nach die kühlen Zutaten löffelweise unterrühren. Dann erst kalt stellen. Schaumiges wie Sahne kommt erst hinein, wenn die Ränder glibberig werden. Für Cassata können Sie die Stärke durch 5 Blätter Gelatine ersetzen. Für die Multivitamincreme (Seite 114) brauchen Sie die doppelte Menge.

Der Klassiker aus dem Norden, auch als Mitbringsel oder für Gäste im eigenen Haus geeignet. Am besten natürlich im Sommer. Deshalb finden Sie das Rezept auch beim Gartenfest. Die Vanillesauce ist übrigens so gut, daß sie auch einfach mit einer Schüssel gezuckerter Beeren ein tolles Dessert gibt.

Rote Grütze mit Vanillesauce
🟊 bis 50 P.

Für die Grütze:
500 g frisches Obst (Beeren sind ideal, aber es geht auch mit Bananenstückchen, Trauben, Orangenspalten – die Grütze ist dann nicht mehr so rot)
4-6 EL Zucker (je nach Süße des Obstes)
2 Gläser Schattenmorellen (à 720 ml)
2 Dosen Himbeeren (à 425 ml)
2 gehäufte EL Speisestärke (40 g)
4 cl Edelkirsch

Für die Vanillesauce:
200 g Schlagsahne
200 ml Milch
1 Päckchen Vanillinzucker
400 g Sahne-Pudding Vanillegeschmack (2 Becher)
Preis der Zutaten für die Grütze ca. 9,10 DM
Preis der Zutaten für die Sauce ca. 2,10 DM

Das frische Obst waschen, putzen und in mundgerechte Stücke teilen, mit Zucker bestreuen und Saft ziehen lassen. Diesen Saft zusammen mit dem Saft von Schattenmorellen und Himbeeren auffangen. Die Speisestärke mit 2-3 Eßlöffeln Saft anrühren, restlichen Saft mit Edelkirsch zum Kochen bringen, angerührte Stärke unter Rühren einfließen lassen und nochmals aufkochen lassen, Früchte unterheben, Grütze kalt stellen.

Für die Sauce alle Zutaten miteinander vermischen, zur Grütze reichen.

Spar-Tip:
Kochen Sie die Sauce aus 0,75 l H-Milch, 200 ml H-Sahne, 2 EL Speisestärke und 5 Päckchen Vanillinzucker.

Das einfachste Rezept, das Sie sich vorstellen können. Viel dekorativer ist es natürlich, die Melonen als Schiffchen sternförmig auf einem runden Tablett anzuordnen. Dazu Melone halbieren, Kerne entfernen und die Hälfte in etwa je sechs Spalten schneiden. Jede Spalte von der Schale lösen und quer in 5-6 Stücke teilen, aber auf der Schale stehen lassen, evtl. die Stücke gegeneinander versetzen. Wenn Sie jetzt noch 500 g Erdbeeren dazwischen verstreuen und vielleicht noch eine Ladung Mini-Dickmanns (bei starker Hitze Eiswaffeln) dazwischen setzen, kommen die Gäste aus den Ahs und Ohs nicht mehr heraus. Die Aufmachung ist eben alles! Den Honig-Quark als Dip einfach daneben stellen.

Melonen-Honig-Quark ⓜ bis 30 P.

**2 kleine Melonen (z.B. Honig-, Galia-, Charentais-, Ogenmelone oder Cantaloupe)
150 g Vollmilch-Joghurt
500 g Magerquark
1 Zitrone
125 g Honig
200 g Schlagsahne**
Preis der Zutaten ca. 6,65 DM

Die Melonen halbieren, die Kerne entfernen und die Schale wegschneiden. Das Fruchtfleisch würfeln.

Den Joghurt mit dem Quark, dem Honig, dem Saft und der abgeriebenen Schale der Zitrone rühren, bis sich der Honig gelöst hat. Die Sahne steif schlagen. Dann die Melonenstücke unterheben.

Der Quark schmeckt mit jedem frischem Obst. Nur frische Kiwi und frische Ananas sollten Sie kurz blanchieren. Sie enthalten ein eiweißspaltendes Enzym, das den Quark sonst bitter schmecken läßt. Durch das kurze Erhitzen wird dieses Enzym inaktiviert. Wenn Sie es eilig haben, können Sie auch abgetropfte Kompottfrüchte unterziehen.

Tip: Wenn keine Kinder mitessen, können Sie die Melonenstücke in ca. 100 ml Grand Marnier marinieren.

Viele Getränke für wenig Geld

Wichtige Tips rund um die Getränke finden Sie auf Seite 13. Pro Kopf gibt's zwei Gläschen Bowle.

Erdbeerbowle ⓦ bis 20 P.

1 kg frische Erdbeeren
75 g Zucker
2 Flaschen (à 1 l) Rosado
2 Flaschen Mineralwasser 0,5 l
1 Flasche Sekt
Preis der Zutaten ca. 19 DM

Die Erdbeeren waschen, putzen und größere Früchte halbieren oder vierteln. Mit dem Zucker vermischen und mit einer Flasche Wein begießen. Abgedeckt mindestens 1 Std. kühl ziehen lassen.

Vor dem Servieren mit dem gut gekühlten restlichen Wein und dem (ebenfalls gut gekühlten) Mineralwasser und Sekt aufgießen.

Varianten:
Für Pfirsichbowle 2 Dosen Pfirsiche abtropfen lassen, kleinschneiden, mit 0,2 l Sirup und 0,1 l Pfirsichlikör mischen. Dann mit 2 Fl. Pinot Grigio, 2 Mineralwasser und 1 Fl. Asti aufgießen. Oder 1 kg frische Pfirsiche überbrühen, pellen, würfeln und mit Likör, 100 g Honig und 1 Fl. Weißwein ziehen lassen. Übrigen Wein, Wasser und Sekt aufgießen.

Kalte Ente ⓦ bis 50 P.

2 Zitronen
2 Flaschen Verdicchio
2 Flaschen Mineralwasser
1 Flasche Cava
Preis der Zutaten ca. 16 DM

Die Zitrone heiß abwaschen und die Schale mit einem Messer spiralförmig abschneiden. Die Früchte mit einer dicken Nadel rundherum mehrfach einstechen und in das Bowlen-Gefäß oder eine große Kanne geben. Mit dem Wein übergießen und 1 1/2 Std. abgedeckt kühl ziehen lassen. Mit eiskaltem Mineralwasser und Sekt aufgießen.

Sangria ⓦ bis 20 P.

6 Orangen
Saft von 3 Zitronen
4 EL Zucker
150 ml Sherry, dry
3 Flaschen trockener Rotwein (Rioja)
1 l Mineralwasser
Preis der Zutaten ca. 12,40 DM

Die Orangen schälen, erst in Scheiben und diese dann in Viertel schneiden. Mit Zitronensaft, Zucker und Sherry vermischen und mindestens 1 Std. kühl stellen. Mit kaltem Rotwein und kaltem Mineralwasser auffüllen.

Kinderbowle ⓦ bis 20 P.

4 EL Früchte-Tee
<u>**1 Stange Zimt**</u>
3 EL Honig
4 Orangen
3 Äpfel
500 g kernlose Trauben
1 l roter Traubensaft
1 l Mineralwasser
Preis der Zutaten ca. 5,45 DM

Den Früchtetee und die Zimtstange mit 1 1/2 l kochendem Wasser überbrühen, den Honig darin auflösen. Den Tee kalt werden lassen.

2 Orangen auspressen. Die restl. Orangen schälen und in Spalten teilen. Die Spalten je nach Größe halbieren oder vierteln und zum Saft geben.

Die Äpfel waschen, schälen, vierteln und die Kerngehäuse entfernen. Die Viertel in kleine Stifte schneiden und mit dem Orangensaft vermischen. Die Trauben waschen, die Beeren von den Stielchen zupfen und ebenfalls zum Orangensaft geben.

Den kalten Tee durch ein Sieb in das Bowlen-Gefäß gießen. Das Obst und den eiskalten Traubensaft damit vermischen und mit Mineralwasser aufgießen.

5.
U.E.w.g. – Um Essen wird gebeten

Ich liebe sie, diese Klassenausflüge, diese Hockeyturniere, diese Gemeindefeste, diese spontanen Partys! Wundervoll, unkompliziert in Kommunikation zu treten, ohne die Last des Gastgebens zu tragen, einzuladen, aufzuräumen – vorher und nachher ... Wenn da nicht dieser Pferdefuß wäre ... Kuchen- und Salatspenden sind in der Gemeinde von ... bis ... abzugeben. Ach, könntest du nicht eine Kleinigkeit mitbringen? Jeder bringt soviel mit, wie seine Familie ißt. Unsere Klasse macht eine italienische Kaffeebar – mit Italo-Süßkram. Der Gewinn geht in die Klassenkasse. Manchmal brocke ich es mir auch selber ein. Vor lauter Begeisterung, eingeladen zu werden. Ich bringe dir was mit! Nein, das macht überhaupt keine Mühe. Ein Dessert? Wunderbar. Und schon bin ich dran.

Kurz gesagt: U.E.w.g. statt U.A.w.g. Essen statt Antwort. Oh, wie praktisch. Wer läßt sich da schon lumpen? Ein Blick in die Tiefkühltruhe – gähnende Leere. Kein Stollen von der letztjährigen Weihnachtsproduktion, kein Apfelkuchen sehr fein – nicht mal Mürbeteig. Meine Söhne? Natürlich könnten die backen. Aber irgendwie klappt's nie, wenn ich es brauche. Die sind da eher spontan. Und was Fertiges – also, das kann ich mir nicht leisten. Ich nicht. Bei mir steht man schon mit gezücktem Bleistift da, um das neueste Rezept zu Protokoll zu nehmen. Also nichts Fertiges. Erst recht nicht von Aldi. Denn die Mini-Dickmanns, die Butterkekse, die Cookies – wir kennen sie alle. Und manchmal haben wir sie auch über. Backmischungen sind auch keine Lösung. Denn die sparen – wie wir wissen – keine Zeit, sondern nur das Nachdenken. Und entlasten durch Gelinggarantie. Das brauchen wir nicht! Fürs Backen ist es ja meist ohnehin zu spät. Außerdem ist die Konkurrenz der Super-Mütter da einfach übermächtig. Überlassen wir ihnen die dreistöckigen Torten. Widmen wir uns raffinierteren Dingen. Wichtig: ein Pürierstab. Damit sparen Sie viel Zeit und erzielen gute Überraschungseffekte (Seite 82). Gutes läßt sich auf diese Weise vorzüglich strecken. Gut organisierte Menschen mit Planvermögen legen oder machen was ein (Seite 86), der Durchschnitts-Haushaltsvorstand macht einen Salat. Aber einen exklusiven. Wenn gebacken wird, dann pikant (Seite 80) – oder es wird nur gebaut (Seite 78). Eine Chance, sich zu profilieren ist außerdem ein Kultdessert (Seite 115) – nein, nicht schon wieder Tiramisu! Machen Sie doch auf 60er Jahre. Wie wär's mit Multivitamincreme? Oder Mousse au chocolat? Denn Sie können sicher sein: Tiramisus gibt es schon mindestens zwei. Wildern Sie für Ihre Einladung auch im 4. Kapitel: Dips, Mariniertes, Salate und Desserts – aber nicht gefroren – sind speziell für Sommer-Mitbring-Partys geeignet.

Drei Grundregeln

Grundregel Nr. 1: Je ausgefallener das Rezept, desto schlichter darf die Zubereitung sein. Vorbei die Zeiten, als wir uns auf seitenlange Zutatenlisten stürzten und meinten, das wäre das kulinarische Nonplusultra. Nein – die neue Bescheidenheit und der ewige Zeitmangel ergänzen sich aufs beste. Und wenn eine Idee wirklich gut, der Geschmack typisch und das Rezept raffiniert ist, dann können Sie die Zutaten an zehn Fingern abzählen. Eine witzige Kombination ersetzt mindestens ein Dutzend exotische Zutaten – also auf zu Aldi.

Grundregel Nr. 2: Bei Massenevents wie Gemeindefest und Klassentreffen all die häßlichen Platten und Schüsseln verwenden, die Sie zur Hochzeit geschenkt bekommen haben. Oder die bei der letzten Bottle-Party bei Ihnen geblieben sind – die berühmtberüchtigten Wanderpokale. Sie wissen schon, die Cromarganplatten, die Porzellanschüsseln mit Streublümchen, die orangefarbenen Steinzeugschalen mit schwerem, braunem Dekor. Schauen Sie aber sicherheitshalber noch einmal drunter – manchmal verschleißen Banausen ja die Reste von Tantes Meißen als Küchengeschirr – Sie als Kenner natürlich nicht!

Reicht Ihr Vorrat an Verzichtbarem nicht, sind die wundervoll praktischen Plastik-Frischhalteboxen, die nur temporär von Aldi, sonst von Tupper (leider viel zu teuer) geliefert werden, ideal. Markieren Sie sie gnadenlos mit Initialen – Box und Deckel – und das in Permanent oder Nagellack, blutrot. Denn erfahrungsgemäß ist der Schwund an wirklich praktischen Behältern enorm!

Grundregel Nr. 3: Bei einer Party oder einer Einladung, wo Sie statt mit Blumen mit Eßbarem glänzen wollen, ist Verpackung alles! Der Behälter muß schlicht sein, die Aufmachung peppig: ein Schraubglas für Chutney, Mousse oder Creme, mit Alufolie verkleidete Pappen für Selbstgebackenes oder schlichtes Plexiglas für Salate. Das Glas kriegt Nostalgie-Etiketten in schwungvoller Handschrift und ein Häubchen aus aparten Servietten, mit Bast umwickelt. Die Aluplatte wird mit Frischhaltefolie umhüllt, mit Bast und Naturalien, die einen Bezug zum Inhalt haben, garniert: Zwiebeln beim Zwiebelkuchen, Äpfelchen bei der Quiche oder ein paar Zweiglein Lorbeer, Rosmarin oder Thymian. Beim Salat oder Dessert reicht klare Folie, mit bunten Bändern fixiert. Denn Riesenschüsseln gibt's nun mal nicht zum Nulltarif – das ist opulent genug. Superpraktisch ist aber auch Glaskeramik aus dem Kaufhaus: Billiger geht es wirklich nicht. Da sollte dann zumindest das Band etwas edler sein ...

Rechnen Sie immer damit, daß der Gastgeber auch den Behälter als Geschenk ansieht. Oder schlicht beschlagnahmt. Schließlich können Sie ihm nicht mit Gewalt noch halbgefüllte Gefäße entwinden! Doch das Versprechen: »Die bring ich dir wieder« endet meist damit, daß Tante Klaras Kristallschale auf Nimmerwiedersehen in fremde Haushalte und Hände entschwindet.

Transport-Tips

Und der Transport? Sind Sie schon mit schwappender Zwiebelsuppe im Auto Serpentinen gefahren? Dieser Duft! Oder haben Sie schon mal versucht, eine kugelig-riesige Schüssel Schokomousse auf dem Gepäckträger Ihres Fahrrads zu fixieren? Die letzte Lösung ist immer der Beifahrer: Auf dem Schoß, zwischen Knien und Pumps werden Torten, Flaschen und Salate zum Bestimmungsort gekarrt. Die allesamt dekorativ – Kuchen mit Kerzen, klaro –, aber nicht hieb- und stoßfest verpackt sind. Da ich Beinfreiheit liebe, verpacke ich transportfreundlich. Lieber fülle ich am Zielpunkt die leckeren Gaben stilvoll (s.o.) um! Für Salate liebe ich meine Tortenhaube. Sie ist riesig, und die Tortenplatte – Plastik – eignet sich vorzüglich als Deckel. Für schwappende Suppen, Ragouts und Desserts muß ein großer Topf herhalten, versiegelt zwischen Rand und Deckel mit einem Paket-Klebeband extra breit. Ich klebe den Topf einfach zu – das Schwappen bleibt drinnen, kein falscher Duft im Wagen! Umgefüllt wird erst am Ort des Geschehens. Wenn alles kühl bleiben soll, stelle ich die Töpfe, Schüsseln, Schalen auf Kühlelemente und lege vor allem noch einige obenauf. Denn Kälte sinkt bekanntlich nach unten.

Küchengeheimnisse

Selbst wenn man einem geschenkten Salat nicht ... schaut – von neugierigen Fragen bleibt kein Essensspender verschont. Vor allem, wenn die Gabe gut war. Nun – wie halten Sie es damit? Es gibt mehrere Möglichkeiten. Die erste, offensive: Sie schreiben das

Rezept kalligraphisch auf Bütten, rollen es dekorativ auf, versiegeln es und befestigen es als Zusatzgeschenk am Ergebnis der schriftlich fixierten Bemühungen. Meine Freundin Leonie, die im Geruch steht, fabelhaft zu kochen (tut sie auch), sieht das ganz anders:

Da habe ich eiiiiinmal ein Rezept weitergegeben und muß es nun jahrelang bei meinen Freunden wiederessen! Das mache ich nie wieder! Tja, Freiburg ist klein. Aber mein Rezept vom marinierten Lauch und den Pilzen und der Krabbenbutter und der Forellencreme und der Schinkenmousse, die braucht sie dringend für das Gala-Essen des kasachischen Freundeskreises.

Ich sage es auch garantiert nicht weiter ... Dafür verrate ich dir, wo der Crémant ...

Also, liebe Leonie, ich verrate meine Rezepte einem Millionenpublikum! Da werde ich doch keine Geheimniskrämerei meinen Freuden gegenüber betreiben. Gute Küche lebt von Mundpropaganda! Und was ist dagegen einzuwenden, wenn ich meine herrliche Mousse mal woanders aufgetischt bekomme? Ob ich das mit dem Crémant weitersage, das weiß ich allerdings wirklich nicht ...

Aldi-Geheimnisse

Apropos Essensbeitrag. Da erlebte ich eine nette, kleine Überraschung. Ich gestehe, ich wollte meine Recherche verkürzen – die Preislisten von Aldi, das wär's! Kenne ich da nicht einen Filialleiter? Richtig, der Exmann einer Freundin. Anruf – Fehlanzeige. Sie hatte die Listen gerade vernichtet – in einem Akt der Selbstreinigung, sprich Entrümpelung. Also blieb nur noch der Dienstweg. Brief an Herrn Albrecht persönlich. Ich weiß – Ausnahmen gibt's da nicht, und die Geheimhaltungsstufe dieses Unternehmens entspricht mindestens einer Freimaurerloge. Aber man kann es ja mal versuchen! Fast hätte ich es schon vergessen und bin eigentlich schon mitten drin im Dichten. Da kommt ein Anruf aus Mahlberg. Die Gebietsleiterin persönlich. Ob wir uns nicht kennenlernen sollten? Gleich morgen? Jawoll, gleich morgen. Um 9 Uhr. Echte Aldi-Öffnungszeit. Ich blicke im Büro umher. Oh Mann, die sind doch so korrekt bei Aldi. Kein Verständnis für kreatives Chaos. Da hilft nichts außer Aufräumen. Und Staubsaugen. Sonst komm' ich nie mit denen ins Geschäft! Da fall' ich gleich durchs Netz. Dumm, daß ich allein bin. Morgen ist Fotoproduktion: Einladung zum Adventstee. Und der Stollen meiner Praktikantin ist nicht nur zu Ofengröße expandiert, nein auch noch verbrannt. Die Sterntoretelts sehen murkelig aus – alles keine Foto-Beautys. Also Nachtschicht, Stollen backen, niedlich wie Wickelkinder anzusehen und goldbraun. Schöne, glatte, ebenmäßige Sterne formen – nachts um halb eins im frühen Monat September – das Leben kann hart sein.

Morgens um 9 bin ich gerüstet, gestiefelt und gespornt in meinem adretten Büro mit frisch gewaschenen Haaren und tiefen Augenrändern. Miss – oder eher Misses – Aldi betritt die Hinterhofszene von links – deutlich identifizierbar durch eine lässig getragene Alditüte. Erst irrt sie ein bißchen, ich weise ihr den Weg. Sie ist der Inbegriff von Dezenz: brauner Hosenanzug, schmale Goldkette, leichte Dauerwelle, kräftiger Händedruck. Wir unterhalten uns nett, und sie taut regelrecht auf. Aber dann muß sie mir doch die bittere Pille verpassen. Hab' ich doch gewußt – die Liste krieg' ich nicht. Es tut ihr echt leid. Nein, die fadenscheinigen Gründe möchte ich mir wirklich nicht anhören. Schließlich bin ich Profi. Und irgendwie ist diese Konsequenz ja auch eindrucksvoll. Profis nehmen so was nicht persönlich. Sie ist beruhigt. Übrigens hat sie mir keine Visitenkarte dagelassen – so geheim sind die! Wahrscheinlich ist das in der Kalkulation auch nicht drin und unnötig. Aldis brauchen keine Visitenkarten – die Tüte tut's auch. Ich nutze die Situation und entlocke ihr eine offizielle Duldung im Aldi vis-à-vis – wenn wir da in den nächsten Tagen mit Block herumrennen und notieren. Nicht, daß wir wegen Werksspionage Ladenverbot kriegen. Ich erzähle Mrs. Aldi, wie viele Aldi-Bücher es mittlerweile auf dem Markt gibt. Sie staunt. Welche Welt öffnet sich vor ihren Augen! Gerüchteweise, zufällig hat sie ja von Aldidente 1 gehört. Ich lasse sie ein bißchen schmökern. Auch in den anderen. So ein Zahlenmensch soll ja auch mal ein bißchen Spaß haben im Leben. Wir fangen richtig an, uns zu mögen. Aber dann muß sie wirklich gehen. Milde öffnet sie ihre Aldi-Überraschungstüte. Mir gehen die Augen über: eine Flasche echten Aldi-Champagner. Ein Packerl guten Kaffee (man kennt ja die Unterschiede). Und ein Christstollen … mindestens so schön wie meine Nacht-Beautys.

Wenn ich das gewußt hätte! Aber so? Wer zu spät kommt, der wird halt aufgegessen.

Na ja – was soll ich sagen? Ich habe dann Nici, meinen Mittleren, losgeschickt. Mit zwei Freunden und langen Listen. Für 7 DM die Stunde haben sie mir alles aufgeschrieben. Echt super, auf Gramm und Pfennig genau. Haben gelernt, was Fett i.Tr. ist. Und Emulgatoren. Und vol. %. Aber nach zwei Stunden war die Luft raus und die Liste immer noch nicht komplett. Da waren sie ganz schön fertig – daß es in dem kleinen Laden soviel gibt! Den Rest hat dann Jeanine, meine Praktikantin, erledigt und ordnungsgemäß im PC erfaßt. Aber immer fällt uns noch was ein. Diese Liste habe ich natürlich gespeichert. Falls jemand die brauchen sollte – bitte, gerne. Gegen 50 % des investierten Stundenlohns.

Aber vor allem brauchen Sie jetzt (fast) keine halben oder viertel Packungen in meinen Rezepten. Das erspare ich Ihnen ganz bewußt. Und Sie wissen immer, was es ungefähr kostet. Das ist doch auch was wert. Denn haben Sie schon mal bei Aldi an der Kasse gestanden? Mit proppenvollem Wagen? Und es fehlen 10 DM? Gott sei Dank ich nicht. Ich weiß: Ein voller Wagen bedeutet immer 100 DM. Außer wenn ich lange Unterhosen oder Spirituosen oder TK kaufe.

Exzellente Bluffer-Rezepte

Viel dekorativer als ein Sandwich, schneller zu machen als zehn Butterbrote und sehr gut vorzubereiten: das Ei im Brot. Es ist übrigens auch fürs Picknick ideal.

Picknick-Baguette ⑪ bis 30 P.

8 Eier
1 französisches Weißbrot
1 Gurke
6 saure Gurken
je 1 Töpfchen Petersilie, Schnittlauch,
Dill
150 g Frischkäse mit Knoblauch
1 TL Salz, 1/2 TL Pfeffer
2 EL Senf
Preis der Zutaten ca. 9,20 DM

Die Eier in ca. 8 Min. hart kochen, abschrecken, pellen und kalt werden lassen. Das Baguette in der Mitte quer durchschneiden, mit dem Brotmesser aushöhlen. Die ausgelöste Weißbrotkrume fein zerzupfen. Gurke waschen, schälen, halbieren, entkernen und zusammen mit den Essiggurken fein würfeln oder raspeln. Auf einem Sieb abtropfen lassen. Kräuter waschen, trockentupfen und klein hacken, Schnittlauch in Röllchen schneiden.

Gurken mit Kräutern, Frischkäse und dem zerkleinerten Weißbrot vermischen. Mit Salz, Pfeffer und Senf abschmecken. Das Baguette mit Gurken-Kräuter-Mix ausstreichen und im Wechsel hartgekochte Eier und den restlichen Mix hineindrücken. In Folie wickeln, kühlen. Erst vor dem Essen in Scheiben schneiden.

Varianten:

🍶 Statt Gurken können Sie auch 1 rote und 1 gelbe Paprika fein würfeln. Ersetzen Sie dabei den Kräuterfrischkäse durch Kräuterquark.

🍶 Pikanter wird die Füllung durch 2 kleingewürfelte Zwiebeln, 200 g gewürfelten, gekochten Schinken und 150 g Kräuterfrischkäse. Ist die Masse zu trocken, einen Schuß Milch zugeben.

🍶 Sie können auch 150 g Frischkäse Paprika mit 4 EL Tomatenmark, 6 abgezogenen, feingewürfelten und abgetropften Tomaten mischen, mit Paprikapulver abschmecken.

Pita-Torte 🍶 *bis 30 P.*

1 **Fladenbrot**
1 Packg. Rucola oder Feldsalat
2 **Eier**
150 g Meerrettich-Frischkäse
200 g Lachs
1 **Zitrone**
2-3 Tomaten
Preis der Zutaten ca. 11 DM

Den Backofen auf 200 Grad vorheizen. Das Fladenbrot darin etwa 5 Minuten aufbacken. Rucola in feine Röllchen schneiden. Eier hart kochen, pellen. Tomaten waschen, in Scheiben schneiden. Frischkäse mit der Hälfte Rucola oder Feldsalat verrühren. Das Brot quer durchschneiden. Beide Hälften mit der Creme bestreichen und mit den restlichen Salatblättern belegen.

Die Lachsscheiben mit Zitronensaft beträufeln, auf die Salatblätter legen. Die Tomaten- und Eierscheiben dekorativ auf dem Käse anrichten. Wieder Lachs auflegen und den Brotdeckel darauf legen, zusammendrücken, in Frischhaltefolie packen. Vor dem Essen wie eine Torte in 12-16 Stücke schneiden.

Varianten:

🍷 Rührei-Pita: Pita mit Mix von 125 g Butter und 2 EL Tomatenmark bestreichen. Den unteren Boden mit Salatblättern belegen. 6 Eier mit 100 ml Milch, Salz, Muskat, 100 g feingewürfeltem gekochten Schinken, 1 Bund Schnittlauchröllchen mischen, stokken lassen. Ist es fest, zusammenhängend aus der Pfanne auf die Salatblätter hebben. Noch eine Lage Salat auflegen, dann den Brotdeckel draufsetzen.

🍷 Pizza-Pita: Pita aufschneiden, beide Hälften mit Mix aus 10 EL Mayonnaise, 1 zerdrückten Knoblauchzehe und 1 Bund gehacktem Basilikum bestreichen. Eine Seite mit 50 g dünngeschnittener Salami belegen. 500 g Tomaten in Scheiben schneiden, auf die Pita legen. 300 g Mozzarella würfelig schneiden, darauf verteilen. Pfeffern und salzen, mit Basilikumblättchen belegen und die Oberseite der Pita auflegen. Zusammendrücken und gut verpacken.

Zwiebelkuchen zum Wein paßt immer toll. Ein besonderer Event wird's mit Neuem Süßen oder Primeur. Wenn es blitzschnell gehen soll, können Sie auch Blätterteig nehmen. Dann den Guß weglassen, statt dessen zwei Becher Schmand verstreichen und darauf die gedünsteten Zwiebeln mit Speck streuen. Vegetarier nehmen Walnüsse statt Speck!

Zwiebelkuchen 🍷 bis 20 P.

<u>Für den Teig:</u>
125 g Magerquark (1/2 Pckg.)
5-6 EL Olivenöl
2 Eier
2 TL Salz
350 g Mehl
1/2 Päckchen Backpulver

Für den Belag:
1 kg Gemüsezwiebeln (oder andere)
250 g Schinkenwürfel
1 EL Butter, 1/4 TL Pfeffer
1-2 TL Kümmel
3 Eier
2 Becher Schmand
125 g Magerquark (die andere Hälfte)
2 TL Salz
Preis der Zutaten ca. 7 DM

Quark mit 4 EL Öl, Eiern, Salz und Mehl zum glatten Teig verkneten. Ist er zu trocken, noch etwas Öl zugeben, ist er zu feucht, mehr Mehl unterkneten.

Die Gemüsezwiebeln pellen, halbieren und in dünne Ringe schneiden. Die Schinkenwürfel sortieren, die fetten in der Butter auslassen. Dann die mageren und die Zwiebeln zugeben, 5 Min. weiterdünsten.

Die Eier mit den übrigen Zutaten verrühren. Die Mischung unter die leicht abgekühlten Zwiebeln geben. Nach Geschmack evtl. etwas nachsalzen.

Den Backofen auf 200 Grad vorheizen. Ein Backblech mit Backpapier auslegen. Den Teig auf einer bemehlten Arbeitsfläche ausrollen und das Backblech damit auslegen. Den Boden mit einer Gabel mehrfach einstechen. Die Zwiebelmischung auf dem Boden verteilen. Den Zwiebelkuchen im heißen Ofen im unteren Drittel ca. 50 Min. backen.

Spargel-Spinat-Quiche ⑪ *bis 50 P.*

1 TK-Rahmspinat
2 Rollen Blätterteig
3 Dosen Spargel (à 370 ml)
6 Eier
200 g H-Schlagsahne
200 g Feta
Preis der Zutaten ca. 12,30 DM

Den Backofen auf 200 Grad vorheizen. Den Rahmspinat auftauen lassen. Den Teig aufrollen, ein Backblech mit Backpapier auslegen oder fetten, mit Teig auslegen, Überlappungen zusammendrücken und rundherum Ränder hochziehen, mit der Gabel einstechen und auf der oberen Schiene 10 Min. goldbraun vorbacken. Inzwischen Eier mit aufgetautem Rahmspinat und Sahne verrühren. Feta durch ein Sieb in die Masse streichen. Den vorgebacke-

nen Boden fest andrücken, Spargel abtropfen lassen und darauf verteilen. Dann den Spinatguß darübergießen und 30 Min. auf der Mittelschiene backen.

Varianten:
🍷 Ersetzen Sie den Spinat durch 2 Bund Basilikum, Rucola oder Sauerampfer und 200 ml Milch. Den Feta können Sie durch Edelpilzkäse ersetzen – oder durch Parmesan, wenn es ihn mal bei Aldi gibt. Oder durch Reibekäse – dann wird's richtig mild.

🍷 2 dicke Brokkolirosen, Stiel in Würfeln, Röschen getrennt, leicht vorgedünstet und mit 200 g Erdnüssen auf dem Boden verteilt. Im Guß: Edelpilzkäse.

🍷 1 kg Lauch, kleingeschnitten, vorgedünstet. Mit Feta und Spinat am besten.

🍷 500 g blättrig geschnittene Champignons mit 3 Zwiebeln in Würfeln – kurz vorgedünstet. 1 Dose Pfifferlinge dazu! Und vielleicht 100 g roher Schinken in feinen Streifen.

———

Jetzt kommt der Pürierstab zum Einsatz und macht aus Banalitäten Delikatessen. Super sieht diese Mousse im Tontopf aus. Ehrlich! Nehmen Sie einen Blumentopf – vorher scheuern, natürlich –, dann mit Frischhaltefolie ausschlagen, die Masse hinein und oben zubinden.

Schinkenmousse mit Pflaumen
🍷 *bis 50 P.*

200 g kalifornische Trockenpflaumen
2 Schnapsgläser Zwetschgenwasser
400 g Hinterschinken
200 g Schmand
1/2 TL Pfeffer
1/4 TL Muskatnuß
Preis der Zutaten ca. 8,35 DM

Die Pflaumen mit 100 ml heißem Wasser überbrühen und mit dem Schnaps beträufeln. Etwa eine Viertelstunde ziehen lassen, dann die Flüssigkeit abgießen, mit dem Schinken und der Hälfte Pflaumen im Mixer oder mit dem Pürierstab zu einer feinen Creme pürieren, dabei würzen. Die übrigen Pflaumen grob würfeln und unter die Mousse ziehen. In eine Schale füllen und kalt stellen. Dazu paßt Toast, Fladenbrot oder Baguette. Wenn Sie selber

Gäste haben, streichen Sie die Mousse gleich auf frisch gerösteten Toast, schneiden Dreiecke und servieren sie zum Apéro.

Tip: *Für Kinder den Schnaps weglassen!*

Varianten:

🍷 Sie können auch geräucherte Putenbrust mit 150 g Paprika-Frischkäse pürieren. Mit Paprikapulver, Wermut und einer feingewürften roten Paprika verrühren.

🍷 Deftig wird's mit Kasseler. Dazu 2 Zwiebeln würfeln und in 3 EL Butter brutzelbraun braten, dann 100 g Walnüsse rösten und grob hacken. Das alles mit 1 Becher Schmand, Pfeffer und Muskat unter das Kasseler ziehen. Wer mag, kann einen Schuß Weinbrand zufügen.

———

Noch eine einfache Übung – diesmal etwas edler. Also nicht im Blumentopf überreichen – lieber im Glas. Im übrigen können Sie diese Creme auch im nächsten Kapitel gebrauchen. Sogar wenn's festlich wird. Dann kriegt jeder ein Löffelchen – sprich: ein Nockerl – Creme auf seinen Teller, daneben ein paar Blättchen Feldsalat, und schon ist der Edel-Vorspeisenteller fertig. Wer unbedingt will, gibt noch eine Scheibe Lachs dazu.

Forellencreme 🍷 *bis 50 P.*

4 Packg. Forellenfilet (500 g)
1 Schnapsglas Weinbrand
1 Schnapsglas Apfelsaft
150 g Cremerie Meerrettich
200 g Schmand
1/4 TL Pfeffer, 1/2 TL Salz
evtl. 1 Bund Dill
Preis der Zutaten ca. 13,35 DM

Das Filet mit Weinbrand und Saft fein pürieren. Dann nach und nach den Käse, den Sauerrahm, Salz und Pfeffer unterziehen. Farce in eine Schale füllen, mit Dillfähnchen garnieren. Ganz toll sieht auch ein Klecks roter Keta-Kaviar aus.

Tip: *Im Kühlschrank hält sich die Creme etwa 2 Wochen.*

Varianten:

🍷 Lachscreme ist natürlich ebenso schön: Pürieren Sie 300 g Räucherlachs, mischen ihn mit 250 g Sahnequark, salzen und pfeffern Sie die Masse. Dann 100 ml Schlagsahne sehr steif schlagen und unterziehen. Schnell essen, sonst fällt die Mousse zusammen.

🅣 Grober, aber heißgeliebt: 2 Packg. Heringsfilets Matjes Art (à 300 g) 30 Min. in Wasser einlegen, abspülen, trockentupfen und fein hacken. 2 Äpfel und 3 Zwiebeln würfeln, mit 4 EL Zitronensaft mischen, unter das Heringshack ziehen, kräftig pfeffern und mit einem Schuß Klarem abschmecken. Dazu gibt es natürlich Rheinisches Vollkornbrot!

Buttermischungen sind ein tolles Geschenk und ein guter Vorrat: Sie können sie sogar einfrieren. Mit frisch aufgebackenem Brot eignen sie sich auch als Mitternachtssnack. Zur Walnußbutter paßt ein kalifornischer Cabernet – und natürlich Trauben.

Walnußbutter 🅣 *bis 50 P.*

100 g Walnüsse
2 Zwiebeln
250 g Butter
1/2 TL Salz
Walnußhälften zum Verzieren
Preis der Zutaten ca. 3,50 DM

Die Walnüsse grob hacken und in einer Pfanne trocken rösten, bis sie duften. Gleich aus der Pfanne nehmen. Die Zwiebeln pellen und sehr fein würfeln. 1-2 Eßlöffel Butter erhitzen und die Zwiebel darin goldbraun braten. Die Röstzwiebeln mit den Nüssen unter die restliche Butter kneten, salzen.

Krabbenbutter 🅣 *bis 50 P.*

100 g Krabben
3 cl Cognac
250 g Butter
2 EL Tomatenmark
1/2 TL Salz, Pfeffer
1-2 TL Zitronensaft
Preis der Zutaten ca. 4,75 DM

Die Krabben mit Küchenpapier trockentupfen, mit dem Cognac übergießen und 1 Std. im Kühlschrank ziehen lassen. Dann in ein Sieb geben; den Cognac auffangen. Etwa 3 EL Butter erhitzen und die Krabben darin 3-4 Min. braten. Das Tomatenmark und ca. 1/2 TL Salz zugeben und 1 Min. weiterbraten.

Die Krabben mit dem aufgefangenen Cognac fein pürieren und unter die restliche Butter rühren.

Mit Zitronensaft abschmecken, in eine Form füllen und in den Kühlschrank stellen. Mindestens 1 Stunde vor dem Essen herausstellen – erst dann entwickelt die Krabbenbutter ihr Aroma. Dazu paßt Champagner und Fladenbrot oder Toast.

Chutneys sind ein origineller Festbeitrag und passen zu Kasseler, Braten oder Schinken.

Zwiebel-Apfel-Rosinen-Chutney
🍮 *bis 30 P.*

2 Zwiebeln
2 säuerliche Äpfel
200 g Rosinen
1 EL Öl
Saft einer Zitrone
1 TL Salz
Pfeffer
2 EL Senf
<u>geriebene Muskatnuß</u>
<u>Worcestersauce</u>
Preis der Zutaten ca. 4,75 DM

Die Zwiebeln abziehen, halbieren und in kleine Würfel schneiden. Die Äpfel waschen, schälen, Kerngehäuse entfernen und die Viertel kleinschneiden. Die Zwiebeln im Öl glasig dünsten. Dann die Äpfel und Rosinen zugeben. Mit dem Zitronensaft angießen, leicht salzen und bei geschlossenem Deckel etwa 10 Minuten garen, bis die Äpfel weich sind. Ab- kühlen lassen. Die Sauce mit dem Pfeffer, dem Senf, der Muskatnuß und der Worcestersauce pikant abschmecken.

Tip: *Schmeckt auch toll mit einem Schuß Portwein oder Calvados.*

Bei folgendem Rezept können Sie gar nichts falsch machen: Im Weckglas gibt das ein tolles Mitbringsel.

Eingelegte Pilze 🍷 bis 30 P.

2 kg frische Champignons
1/2 Flasche Rosato (0,5 l)
4 Lorbeerblätter
4 EL Senfkörner
1 EL Pfefferkörner
2 TL Salz
2 Zwiebeln
200 g Walnüsse
4 EL Olivenöl
1-2 EL Weinessig
1 EL Honig
Preis der Zutaten ca. 17 DM

Die Pilze sauber abreiben, sehr große Exemplare halbieren. Rosato mit den Gewürzen und der grob gewürfelten Zwiebel zum Kochen bringen. So viele Pilze zugeben, daß sie mit Wein bedeckt sind, aufkochen lassen, 3 Min. weiterkochen und mit einem Sieb oder Schaumlöffel herausheben. Dann die nächste Portion und so fort, bis alles gekocht ist. Den Sud mit Essig, Honig und Öl abschmecken. Nüsse in der Pfanne rösten, mit den Pilzen in den Sud geben und mindestens über Nacht ziehen lassen.

Bleibt eine Woche frisch und wird dabei immer aromatischer.

Variante:
Mehr nach Mittelmeer schmeckt es mit 6 halbierten Knoblauchzehen und Rosmarin statt Lorbeer. Zwei bis drei EL edles Walnußöl verstärken den nussigen Geschmack.

Am tollsten sind diese Pickles natürlich mit kleinen Zwiebelchen. Aber erstens macht das unendlich viel Arbeit, und zweitens gibt es die nicht bei Aldi. Halbieren Sie also.

Chili-Zwiebeln 🍷 bis 20 P.

2 kg Zwiebeln
<u>10 getrocknete Chilischoten</u>
<u>1 EL Pfefferkörner</u>
1 Flasche Rioja
2 TL Salz
<u>1 TL Kreuzkümmel</u>
1 Zitrone
Preis der Zutaten ca. 2,50 DM

Die Zwiebeln abziehen, halbieren oder vierteln – je nach Größe und so, daß sie nicht zerfallen. In eine Gratinform verteilen. Den Backofen auf 180 Grad vorheizen. Die übrigen Zutaten mischen, Chilischoten ganz lassen. Marinade in die Form gießen, mit Alufolie locker abdecken und alles etwa 1 Stunde backen, dabei zweimal wenden. Im Sud abkühlen lassen und mit Zitronensaft abschmecken.

Kultivierte Salate

Salate sind die Krönung der Party-Kultur. Unergründlich schimmern sie uns aus Blümchen-Schüsseln von jedem Büffet entgegen, Bedrohliches verbergend, Verlockendes enthüllend. Ich bin da ja immer ein bißchen vorsichtig. Vor allem, wenn die Zutaten in einer cremigen Sauce schwimmen, wittere ich stets argwöhnisch Salmonellengefahr. Aber ich will Ihnen den Appetit nicht verderben. Schließlich gibt es ganz unterschiedliche Salattypen. Die einen schwören auf ihr Nudelsalatrezept – meist rappeltrocken, mit Spirelli, sauren Gürkchen, Erbsen und Ei. Wie bei Muttern. Die anderen blicken auf eine reiche WG-Vergangenheit zurück: Rotwein, Baguette, Kräuter der Provence und Knoblauch, Knoblauch, Knoblauch. Um diese Schüsseln mache ich einen Riesenbogen – schließlich möchte ich nicht für den Rest der Woche gesellschaftlich ein Outcast werden. Dann gibt's noch die Sparsamen – beige Salate aus Reis, Nudeln oder Kartoffeln blicken uns an – der reine Pröff. Nein danke. Schließlich sind da noch die Delikaten. Aber es ist wie verhext: Wenn ich meinen Platz am Büffet errungen hab, wandert gerade der letzte Löffel auf den Teller meines Vormanns. Pech. Liegt es daran, daß diese Luxussalate immer nur in Single-Portionen hergestellt werden? Oder ist der Instinkt der Massen, was Qualität angeht, so sicher? Wäre ja schön. Aber zurück zum Salat. Es gibt hierbei ein paar Grundregeln:

🍅 Nur klasse Zutaten ergeben einen Super-Salat.

🍅 Egal, was Sie lesen – lassen Sie Salate nicht durchziehen (Ausnahme Kartoffelsalat mit Unmengen Dressing). Mischen Sie sie erst kurz vor dem Verzehr. Sollte der Salat doch etwas stehen, mit kalter Brühe oder Wein und Gewürzen nachbessern.

🎩 Die einzelnen Zutaten sollten größenmäßig harmonieren. Sonst wirkt's wie eine Ansammlung von Einzelstücken.

🎩 Denken Sie in Farben – Kontraste müssen her.

🎩 Auch die Konsitenz sollte unterschiedlich sein. Nur knackig ist frugal, nur weich läßt eher an Babykost denken. Kombinieren Sie Knackiges mit Cremigem.

Oder machen Sie blindlings einen der folgenden Salate.

Dieser Salat ist traumhaft einfach. Noch besser schmeckt er mit 2 EL geriebenem Meerrettich. Und statt Petersilie können Sie einen Bund frischen Dill, kleingezupft, zufügen. Statt Mandarinen können Sie auch Mangostückchen oder Trauben nehmen – aber die müssen Sie erst putzen und in Form schneiden …

Heringsfilets in Mandarinensahne
🎩 *bis 50 P.*

2 Packg. Heringsfilets Matjes Art (600 g)
Mineralwasser
3 Dosen Mandarinen
200 g Schmand
2 EL Zitronensaft
2 EL getr. Petersilie
1/2 TL Salz
Pfeffer
100 ml süße Sahne
Preis der Zutaten ca. 6 DM

Die Heringsfilets je nach Salzgeschmack zwei bis sechs Stunden in Mineralwasser ziehen lassen. Dann mit Küchenpapier trockentupfen und quer in 2-3 cm lange Stücke schneiden. Die Mandarinen abtropfen lassen, den Saft auffangen. Mandarinenspalten mit den Fischstückchen in einer Schale mischen. Einige besonders hübsche Spalten beiseite legen.

Den Schmand mit etwas Mandarinen- und Zitronensaft, Petersilie, Salz und Pfeffer cremig rühren. Die süße Sahne steif schlagen und unterziehen. Zum Schluß die Sauce über dem

Fisch und den Mangos verteilen. Durchziehen lassen und vor dem Essen nochmals durchmischen. Mit Mandarinchen garnieren.

Ursprünglich ist dieser Salat die ideale Resteverwertung für Braten aller Art. Ist er Ihnen zu kräftig, können Sie die Sauce mit einem Schuß Sahne milder machen.

Roter Blitz-Geflügelsalat
🍴 *bis 30 P.*

500 g geräucherte Putenbrust (2 Stücke)
1 Glas Rotkohl (720 ml Inhalt)
1 Glas Schattenmorellen (720 ml Inhalt)
2 Zwiebeln
6 EL Öl
2 EL Senf
1 TL Salz, Pfeffer
1/4 TL Papikapulver
200 g Walnußkerne
Preis der Zutaten etwa 17 DM

Die Putenbrust in fingerdicke Scheiben, dann in Würfel schneiden. Den Rotkohl und die Kirschen getrennt abtropfen lassen. Saft dabei auffangen.

Die Zwiebeln abziehen und in Würfel schneiden.

Aus Öl, 1 Glas aufgefangenem Kirschsaft, Senf und Gewürzen eine Salatsauce herstellen, sehr kräftig abschmecken. Fleisch, Obst, Zwiebel, Rotkohl und die Marinade vorsichtig miteinander vermischen.

Die Walnüsse grob hacken, ohne Fett rösten, vor dem Servieren den Salat damit bestreuen.

Tip: *Ausnahmsweise wird dieser Salat besser, wenn er mind. 1 Std., besser über Nacht, im Kühlschrank durchziehen kann.*

Diesen Salat können Sie getrost mit Wein anmachen – da geht eh kein Kind dran. Er schmeckt superfrisch und lecker.

Linsen-Pilz-Salat 🍴 *bis 20 P.*

1 Dose Linsen mit Supppengrün (850 ml)

500 g frische Champignons
1 kleines Glas Weißwein
1 Zwiebel
<u>2 Knoblauchzehen</u>
6 Orangen
1 Eisbergsalat oder 3 Chicoree
200 ml Schlagsahne
1 TL Salz
Pfeffer
Paprikapulver
1/2 Glas Senf
Preis der Zutaten ca. 7,75 DM

Die Linsen in einem Sieb abtropfen lassen, mit kaltem Wasser nachspülen. Champignons mit Küchenpapier sauberreiben, blättrig schneiden, mit den Linsen und dem Weißwein mischen. Zwiebel und Knoblauch abziehen, sehr fein würfelig schneiden. Orangen bis aufs Fruchtfleisch schälen, in Scheiben schneiden, diese vierteln, die weiße Mitte dabei entfernen. Eisbergsalat bzw. Chicoree waschen und kleinschneiden. Alle Zutaten mischen, leicht salzen und pfeffern. Die Sahne steif schlagen, am Ende Senf und die Gewürze unterschlagen. Diesen Senfrahm erst kurz vor dem Auftischen unter den Salat ziehen.

Variante:
Lassen Sie die Senfsahne weg, geben Sie statt dessen einen Schuß Essig und 4-6 EL Öl zum Salat und 1 zerkrümelten Feta. Das schmeckt deftiger!

Am besten schmeckt dieser Salat mit Koriandergrün oder glatter Petersilie. Wenn Sie nur getrocknete haben, machen Sie lieber was anderes.

Pilawsalat

500 g Parboiled Reis
2 Zitronen
Salz
200 g Rosinen
500 g Hackfleisch halb und halb (TK)
4 Zwiebeln oder 1 Lauchstange
<u>6 Knoblauchzehen</u>
2 EL Öl
300 g Cashewnüsse
Pfeffer, Paprikapulver
2 Töpfchen o. 3 Bund frische Petersilie
0,2 l Instant-Brühe
Preis der Zutaten ca. 14,75 DM

Den Reis in einem Topf erhitzen. 1 Zitrone auspressen und mit Wasser auf 1 l auffüllen, den Reis damit angießen, 2 TL Salz und die abgeriebene Zitronenschale zugeben, aufkochen lassen, Rosinen zugeben und zugedeckt 20 Min. garen, abkühlen lassen. In der Zwischenzeit das Hackfleisch auftauen lassen. Zwiebeln und Knoblauch schälen und fein würfeln bzw. Lauch putzen, gründlich waschen und in feine Ringe schneiden. Das Gemüse mit dem Fleisch im Fett anbraten, mit 2 TL Salz, Pfeffer und Paprika würzen. Unter ständigem Rühren kräftig braten, dabei das Fleisch zu kleinen Krümeln zerkleinern. Ist es kräftig braun, abkühlen lassen. Petersilie waschen, Blätter abzupfen und hacken. Die zweite Zitrone auspressen. Reis, Fleisch, Nüsse und Petersilie mischen, Zitronensaft und Brühe unterziehen. Nochmals kräftig abschmecken.

Tip: *Steht der Reissalat länger, wird er trocken. Dann nochmals Brühe und eventuell einen Spritzer Essig zugeben.*

Ohne Kartoffelsalat geht es nicht. Deutschland Nord liebt ihn cremig mit Mayonnaise. Deutschland Süd liebt ihn leicht mit Vinaigrette. Vorteil: hitzefest und cholesterinarm. Hier eine Version, die Eindruck macht. Dazu gibt's Tequila!

Mexikanischer Kartoffelsalat
🍲 *bis 20 P.*

1 kg Kartoffeln (so festkochend
wie möglich)
Salz
2 Zwiebeln
<u>4 Knoblauchzehen</u>
500 g Paprikaschoten
400 g Feta
2 Dosen mexikan. Gemüseplatte
1 Zitrone
Pfeffer
<u>1 TL Kreuzkümmel</u>
1 Prise Zucker
0,1 l Instant-Brühe
8 EL Olivenöl
Preis der Zutaten ca. 8,85 DM

Die Kartoffeln waschen, in der Schale mit Salz und wenig Wasser gar kochen, abschrecken und pellen. Dann gut abgedeckt ganz abkühlen lassen – am besten bis zum nächsten Tag im

Kühlschrank: So werden sie schön fest. Zwiebeln und Knoblauch abziehen, würfelig schneiden. Paprika waschen, putzen, ebenfalls würfeln. Schinken in feine Streifen schneiden. Gemüse abgießen, Sud aufheben. Zitrone auspressen, mit den übrigen Zutaten, 0,1 l Sud und 2 TL Salz zum Dressing rühren.

Die Kartoffeln in dieses Dressing schneiden, dann die übrigen Zutaten unterheben. Noch einmal sehr kräftig abschmecken und 1 Stunde ziehen lassen. Schmeckt mit zwei Bund gehackter Petersilie noch frischer!

Variante:

Mein badischer Kartoffelsalat schmeckt wirklich nur mit Super-Salatkartoffeln – andere zerfallen. Sie brauchen davon 2 kg. Und 1 l Fleischbrühe, mit 6 EL Senf, 0,1 l Essig, 0,1 l Olivenöl, Pfeffer und Salz kräftig gewürzt. Dahinein werden die heißen Kartoffeln geschnitten. Dazu noch vier Bund Schnittlauch in Röllchen. Abschmecken und lauwarm essen.

Krabben für viele gehen leider ins Geld. Aber wenn Sie sie mit Nudeln verlängern, dann geht's. Obwohl der Salat immer noch zur teuren Sorte gehört. Als preiswerte Version können Sie Krabben und Schinken durch 400 g geräucherte Putenbrust in Würfeln ersetzen. Und wenn Traubensaison ist, können Sie noch 500 g kernlose Trauben hineingeben. Oder große Trauben, halbiert und entkernt.

Nudel-Krabbensalat ⑩ bis 20 P.

500 g Bandnudeln
Salz, Pfeffer, Paprikapulver
2 Dosen Mandarinen
4 Gläser Krabben
200 g gek. Schinken
1 Eisbergsalat
4 EL Tomatenmark
4 cl Weinbrand
100 ml Schlagsahne
<u>**Worcestersauce**</u>
4 Cornichons
Preis der Zutaten ca. 17,30 DM

Die Nudeln in Wasser mit 4 TL Salz bißfest kochen, abgießen, gründlich mit kaltem Wasser abschrecken, auf einem Brettchen ausgebreitet abkühlen lassen. Die Mandarinen und Krabben abtropfen lassen. Den Salat putzen, waschen, in mundgerechte Stücke schneiden und abtropfen lassen. 0,1 l Mandarinensaft mit dem Tomatenmark, Weinbrand, Sahne, Salz und Pfeffer cremig rühren. Mit Worcestersauce abschmecken. Die Cornichons in kleine Würfelchen schneiden. Alle Zutaten behutsam vermischen. Nicht zu lange stehenlassen.

Bei Nudelsalaten gilt dasselbe wie beim Reissalat: Wenn sie länger stehen, quellen sie und werden dadurch trocken und fade. Deshalb nicht ziehen lassen, sondern erst kurz vor dem Essen mischen. Wenn es trotzdem passiert: eine Tasse Brühe mit Zitronensaft oder Essig, Salz und Pfeffer kräftig würzen und unterziehen. Manchmal hilft auch ein Schuß Wein.

Rigatoni-Thunfisch-Salat Ⓜ *bis 30 P.*

500 g Penne
Salz
1 EL Öl
1 Zitrone
4 cl Grappa
4 Dosen Thunfisch naturel
2 Knoblauchzehen
2 Zwiebeln
2 Dosen Delikateß-Bohnen
6 Kiwis
8 EL Olivenöl
Pfeffer
2-3 EL Essig
evtl. 1 Glas trockener Weißwein
Preis der Zutaten ca. 12,30 DM

Die Nudeln in reichlich Wasser mit Salz und 1 EL Öl al dente kochen, abgießen, abschrecken und abtropfen lassen. Die Zitrone auspressen, mit dem Grappa unter den Thunfisch samt Sud ziehen.

Die Knoblauchzehen abziehen und fein hacken. Zwiebeln schälen und halbieren, in dünne Scheiben schneiden. Die Bohnen abgießen, Sud aufheben. Kiwis schälen, vierteln und in 1/2 cm dicke Scheiben schneiden. Gemüse, Kiwis, Thunfisch mit Marinade, Olivenöl, Zwiebeln und Knoblauch mit den Nudeln mischen, soviel Sud zufügen, daß der

Salat saftig ist, kräftig mit Pfeffer und Essig würzen. Nach Bedarf mit etwas Weißwein abschmecken.

Varianten:

🍷 Dieser Salat schmeckt raffinierter, wenn Sie 1 Thunfisch durch 2 Gläser Muscheln ersetzen.

🍷 Konservative Gemüter nehmen statt Kiwis reife Tomaten.

Nachtische, die den Hunger besiegen

In England heißen sie Trifle, in Italien Tiramisu, und sie sind das Praktischste, was es auf dem süßen Sektor gibt: keine Gelatine, keine Stärke, kein Aufschlagen, kein Abkühlen. Alles wird im Urzustand eingeschichtet und geht die innigste Verbindung ein. Vorteil für den Transport: Sie werden durchs Stehen eher besser.

Schichtdessert 🍷 *bis 50 P.*

2 Dosen Pfirsiche
500 g Magerquark
2 Becher Vanille-Pudding (400 g)
1 Dose Himbeeren
0,2 l Schlagsahne
200 g Zwieback (1/2 Pckg.)
100 g geröstete Mandelblättchen
(od. geh. Mandeln)
Preis der Zutaten ca. 8,90 DM

Die Pfirsiche abtropfen lassen, in Spalten schneiden. Den Quark mit den Puddings cremig rühren. Himbeeren abtropfen lassen, den Saft unter den Quark ziehen. Die Sahne steif schlagen, unterziehen. Zwieback in einer Plastiktüte zerdrücken, mit Mandeln mischen. Im Wechsel Bröselmix, Pfirsichspalten mit Himbeeren und rosa Quarkcreme einschichten. Mit Quark enden, mit Mandeln garnieren.

Varianten:
Das Thema ist schier unerschöpflich.
🍷 So können Sie statt Vanillepudding Pfirsich-Maracuja-Joghurt unter den Quark ziehen.

🅥 Oder statt der Himbeeren 500 g frische Erdbeeren einzuckern und verarbeiten. Dann etwas Pfirsichsaft zum Quark geben.

🅥 Nehmen Sie Löffelbiskuit (manchmal auch bei Aldi) statt Zwieback. Dann die Himbeeren weglassen und den Quark mit Schoko- statt Vanillepudding und etwas Kakaogetränk verrühren.

Mit diesem Dessert kriegen Sie jeden satt. Ideal, wenn es vorher nur eine Suppe gibt. Wenn Sie statt der Tafel Schokolade fertig geraspelte bekommen – um so besser. Nur Schokostreusel würde ich nicht nehmen – das wirkt so kühl.

Götterspeise 🅥 bis 20 P.

2 Gläser Schattenmorellen
1 Zitrone
2 EL Speisestärke
500 g Sahnequark 40 % Fett
500 g Magerquark
50 g Zucker
200 g Schlagsahne
2 Tütchen Vanillinzucker
400 g rheinisches Vollkornbrot
1 Tafel Vollmilch-Schokolade
Preis der Zutaten 9,80 DM

Die Zitronenschale abreiben und die Zitronen auspressen. Den Saft mit der Stärke mischen, Kirschsaft aufkochen, Stärke einfließen lassen und 1 Min. kochen, abkühlen lassen. Quark mit Zucker verrühren. Die Sahne mit Vanillinzucker steif schlagen und unterziehen. Vollkornbrot zwischen den Fingerspitzen zerbröseln. Schokolade reiben, mit den Bröseln mischen. In einer großen Schüssel Brösel, Kirschen und Creme Schicht für Schicht einfüllen. Mit Creme schließen, mit Kirschen und Schokolocken garnieren.

Variante:

Sie können statt Quark mit Zucker auch 10 Töpfchen fertigen Milchreis nehmen. Dann wird es fast ein Hauptgericht.

6.
Full Haus

Wie war das noch mit der Speisung der 5000? Oder mit der Hochzeit zu Kanaan? Also – verlassen Sie sich nicht auf Ihr Glück, wenn die Massen anrücken. Alljährlich zu Weihnachten quält mich der Alptraum: Die ganze Familie ist versammelt, der Kühlschrank leer, und der Pizza Blitz muß her. Denn es ist ja so: Für den Weihnachtsbraten, für den heiligen Abend, für den Keksteller verausgabe ich mich. Meine Schwester mit Familie reist an, die Großeltern erscheinen – und schon sind wir zehn Personen! Herrlich.

Doch kurz vorher wird mir klar: Weihnachten besteht nicht nur aus Braten, Keksen und Raclette. Es gibt ja auch noch Frühstück, Mittag vor der Bescherung, und der zweite Feiertag will ja auch noch überstanden werden. Kurz: Wenn die Massen für Feste anrücken, wollen sie auch vorher und nachher beköstigt werden. Sonst stürzen sie sich auf Ihre Vorräte und fressen sie kahl wie die Heuschrecken.

Genauso ist es, wenn Freunde beim Umzug, beim Renovieren, Heckenschneiden, bei der Ernte, beim Marmeladekochen oder beim Reifenwechseln helfen. Arbeit macht hungrig. Schließlich wollen familienweise Besuche von Urlaubsbekanntschaften überstanden werden und die Durchreise aller lieben Freunde in den Skiurlaub.

In diesem Kapitel kommt es also auch ein bißchen aufs Renommee an. Mit Aldi beeindrucken Sie, ohne sich zu ruinieren. Und bei meinen Rezepten müssen Sie nicht mit fettigen Haaren abgespannt in der Küche stehen, wenn die strahlenden Urlaubsrückkehrer, die aufgebretzelten Besucher klingeln. Nein – Sie sind entspannt, aufgeräumt nach einem kleinen Mittagsschlaf.

Der Grundvorrat, ein Segen

Sicher – den Einkauf müssen Sie vorher erledigen, und das kann schon schlauchen. Gut, wenn Sie einen Grundvorrat für den Massenansturm haben – dann brauchen Sie am Tag des Geschehens nur noch Kleinkram zu besorgen.

<u>Hier die eiserne Reserve eines gastfreundlichen Hauses:</u>

Kartoffeln, Äpfel, Tomaten, Zwiebeln
1 kg Parboiled Reis, 1 kg Bandnudeln, 1 Pckg. Püree, 1 kg Mehl
2 Dosen Mais, 3 Dosen Kidney Bohnen, 4 Dosen Tomaten, 2 Dosen Erbsensuppe, 2 Dosen Wienerle,
2 Gläser Schattenmorellen, 4 Dosen Mandarinen,
2 Dosen Himbeeren
200 g Walnüsse, 500 g Trockenpflaumen, 200 g Rosinen, 2-3 Tafeln Schokolade
1 Öl, 1 Olivenöl, 1 Essig, 1 Plastik-Zitrone, Instant-Brühe, Salz, Pfeffer, Paprika, getr. Petersilie, Senf, Tomatenmark, Zucker, Speisestärke
2 Butter oder Margarine, 2 Milch, 2 Sahne, 2 Schmand, 1 Gouda am Stück, 1 H-Frischkäse, 2 Cabanossi, rohen Schinken
<u>Eingefroren:</u> 1 Brot, 1 Toastbrot, 1 Vanilleeis, 1 kg Hackfleisch, 4 Rollen Blätterteig, 250 g Schinkenwürfel.

Und dann die Getränke. Haben Sie sich schon durch den Wein probiert? Sie müssen sich nämlich entscheiden. Von jeder Sorte nur zwei Flaschen – das ist popelig. Beim Massenansturm brauchen Sie mindestens 12 Flaschen Weißen, 12 Flaschen Roten und 6 Flaschen Sekt. Wählen Sie nicht die billigsten Sorten: Die etwas besseren können Sie länger liegenlassen, wenn Sie schon einen kleinen Vorrat anlegen möchten. Bier sollten Sie auch auf Lager haben. Dazu Apfel- und Orangensaft, 6 Packungen von jedem. Und einen Kasten Mineralwasser. Klar: Wenn Sie Single sind, schaudert Ihnen bei dieser Liste. Vergessen Sie's, und kaufen Sie das ein, was beim jeweiligen Rezept steht. Übrigens: Wenn für bestimmte Gerichte Bourbon, Weinbrand oder Sherry angegeben ist, so können Sie notfalls auch auf etwas anderes Hochprozentiges zurückgreifen. Nur Mut.

Sie finden in diesem Kapitel Aufläufe, Eintöpfe, Pies und Baguettes für etwas rustikalere Gelegenheiten. Aber auch feinere Gerichte wie Pasteten, Suppen, Saucen und Ragouts für ein gehobenes Essen. Und natürlich Desserts. Wenn Sie gerade umgezogen sind, werden Sie vielleicht einfache Eintöpfe aus dem 3. Kapitel nehmen. Wenn Sie etwas vorbereiten möchten, kommen Sie mit Eingelegtem aus Kapitel 4 und 5 zurecht. Bei den Desserts können Sie überall klauen. Grundsätzlich sind die Rezepte in diesem Kapitel so geordnet, daß von Seite 98 bis 107 alles im Ofen gebacken wird. Topfgerichte folgen bis Seite 113.

Streßfreie Rezepte

Schnittchenschmieren können Sie bei Massensturm vergessen, zehn Pizzen passen nicht in einen Ofen. In diesem Falle helfe ich mir mit gefülltem aufgebackenen Baguette. Sie können es vorbereiten und in Alufolie wickeln. Dann haben Sie Zeit für die Gäste. Übrigens auch toll bei Kindergeburtstagen!

Croque Famille 🍷 bis 30 P.

2 französische Weißbrote (Baguette)
200 g Butter
6 EL Tomatenmark
500 g Tomaten
500 g Gouda in Scheiben
200 g gek. Hinterschinken
Alufolie
Preis der Zutaten ca. 12,40 DM

Das Baguette der Länge nach aufschneiden. Die Butter mit dem Tomatenmark mischen, Schnittfläche damit bestreichen. Tomaten mit kochendem Wasser überbrühen, abziehen, Kerne entfernen und Fruchtfleisch hacken. Käse und Schinken in der Mitte halbieren. Die Unterseite der Baguettes mit der Hälfte Käse, den Tomatenstückchen, Schinken und restlichem Käse belegen, die Oberseite auflegen und andrücken. Jedes Baguette quer in der Mitte durchschneiden. Jede Hälfte in Alufolie – blanke Seite nach innen – einschlagen. Den Backofen auf 200 Grad vorheizen. Eingepackte Baguettes etwa 12 Minuten im heißen Backofen backen. Aus der Alufolie wickeln und in etwa 5 cm breite Scheiben schneiden.

Varianten:
🍷 Ersetzen Sie den Schinken durch Salami, das Tomatenmark durch Pesto, den Gouda durch fein gewürfelten Mozzarella.

🅦 Nehmen Sie Kräuterbutter statt Butter.
🅦 Beträufeln Sie die Schnittflächen mit 12 EL Olivenöl, streichen Sie 6 EL Tomatenmark darauf und belegen es mit 400 g Feta, 4 Paprika und 2 Zwiebeln in Würfeln.

———

Eine komplette Mahlzeit, die nicht mal einen Teller braucht – wenn auch eine Serviette. Läßt sich ebenfalls gut vorbereiten und ersetzt ein Abendessen.

Kartoffel-Überraschung
🅦 bis 10 P.

2,5 kg Kartofffeln
Salz
Alufolie
etwas Öl
etwa 150 g Remoulade
1 kg Tomaten
1 Gurke
400 g gesalzene Erdnüsse
mildes Paprikapulver
500 g Havarti mexikanisch
(oder pikant)
Preis der Zutaten ca. 14,30 DM

Die Kartoffeln mit dem Spülschwamm gründlich waschen, in wenig Wasser mit Salz gar kochen. Ist die Schale hart und unansehnlich, die Kartoffeln pellen. Sonst etwas Öl in die Hände nehmen und die Kartoffeln einölen, der Länge nach halbieren. Zwei Bleche mit Alufolie auslegen, Kartoffelhälften dünn mit Remoulade bestreichen, auf den Blechen verteilen. Gemüse waschen, Tomaten und Gurke in dünne Scheiben schneiden. Erst die Tomate, dann die Nüsse und die Gurke auf jede Kartoffelhälfte legen. Mit Paprika bestreuen. Käse zurechtschneiden, auf die Gurke legen. Den Backofen auf 200 Grad vorheizen, Kartoffelblech nacheinander jeweils 12 Minuten überbacken.

Variante:
Schmeckt super und geht schneller mit Rösti. Es entfällt die Remoulade. Statt Nüssen können Sie auch Schinken oder Schinkenwurst in Scheiben zwischen Tomate und Gurke packen. Mit Feta statt Havarti besonders apart!

———

Ideal für Tanten und Schwiegertiger: Geht schnell, macht Eindruck und schmeckt vor allem der älteren Generation, weil es ein gewisses 60er-Jahre Flair hat à la Toast Hawaii. Alles in allem nicht ganz so preiswert, aber wirklich exklusiv und festlich.

Medaillons mit Pfirsich gratiniert
🍷 bis 10 P.

2 Pckg. TK-Schweinemedaillons
1 Dose Pfirsichhälften
1 Pckg. Cremerie Meerrettich
1 Pckg. Rum-Nuß-Käse
Salz, Pfeffer
1 Zwiebel
4 cl Weinbrand
200 g süße Sahne
Preis der Zutaten ca. 23,70 DM

Die Medaillons auftauen lassen. Backofen auf 220 Grad vorheizen. Inzwischen die Dose öffnen, die Pfirsichhälften abtropfen lassen und halbieren. Käsecremes mischen, mit Pfeffer und Salz abschmecken. Zwiebel abziehen und fein würfeln. Medaillons ohne Fett rundherum kräftig anbraten, herausheben und in einer Gratinform verteilen. Zwiebelwürfel ebenfalls anbraten, mit Weinbrand und Sahne ablöschen, kräftig würzen und in die Form geben. Käsecreme auf Fleisch und Pfirsichhälften streichen, im heißen Backofen etwa 20 Min. überbacken. Dazu paßt Reis in jeder Variante.

Diesmal mehr scheinen als sein: ein Eintopf, der aber nicht so aussieht. Im ersten Anlauf probierten wir's mit Jägersoße. Ich kann nur davon abraten – schmeckt nach Kantine. Hier wünsche ich mir mal eine bessere Rezeptur. Oder gibt es Leute, die das mögen? Oder gar brauchen?

Aldi-Pie 🍷 bis 10 P.

2 Pckg. TK-Gyros
4 Zwiebeln
1 kg frische Champignons
Salz, Pfeffer
4 EL Tomatenmark
4 EL Butter
1/4 l Rotwein
3-4 EL dunkler Saucenbinder
2 Beutel Kartoffelpüree

0,5 l Milch
250 g Reibekäse (Kühltheke)
3 EL Fett und Brösel für die Form
Preis der Zutaten ca. 18,60 DM

Gyros auftauen lassen. Inzwischen den Backofen auf 200 Grad vorheizen. Eine große Auflaufform fetten, mit Semmelbröseln ausstreuen (notfalls einen flachen Topf mit feuerfesten Griffen nehmen). Zwiebeln schälen, quer halbieren und jede Hälfte achteln. Pilze wenn nötig abreiben, halbieren oder vierteln. Gyros im heißen Fett mit Tomatenmark, Zwiebeln und Pilzen in einer großen Pfanne anbraten, bis alles beginnt zu bräunen. Mit Rotwein ablöschen, würzen, Saucenbinder einstreuen. Das Ragout einmal aufkochen und in die Auflaufform geben. Kartoffelpüree nach Packungsanweisung zubereiten, Käse unterziehen und alles auf dem Ragout verteilen. Im heißen Ofen etwa 30 Min. überbacken.

Variante:
Schmeckt sehr interessant mit 6 sehr kleingewürfelten Cornichons. Wird cremiger und milder mit 1/4 l Sahne statt Rotwein.

Der Trick bei diesem Auflauf: Sie brauchen nichts vorzukochen – die Nudeln garen beim Überbacken. Sie brauchen also auch keinen Topf – nur eine große Auflaufform. Wichtig: Die Nudeln müssen von Gemüse und Guß bedeckt sein, sonst werden sie hart.

Nudelauflauf mit Hackfleischklößchen ⑩ bis 10 P.

500 g Hackfleisch halb und halb
1 Zwiebel
1 Ei
1 TL Salz
flüssige Speisewürze
Pfeffer
2 EL Tomatenmark
200 g Feta
750 g Bandnudeln
1 kg Tomaten
2 Dosen Lauchcremesuppe
400 g Schmand
1/4 l Gemüsebrühe (Instant)
Preis der Zutaten ca. 15 DM

Hackfleisch auftauen lassen. Backofen auf 180 Grad vorheizen. Zwiebel abziehen und fein würfeln, *mit dem Ei und den Gewürzen unter das Fleisch ziehen. Feta mit der Gabel zerdrücken, die Hälfte zum Fleisch geben. Ein tiefes Backblech fetten. Ungekochte Nudeln in der Form verteilen. Tomaten waschen, in Spalten schneiden, Stielansatz dabei entfernen, zwischen den Nudeln verteilen. Fleisch mit Teelöffel abstechen und ebenfalls in der Form verteilen. Suppe mit Schmand und Brühe mischen, über dem Gratin verteilen, mit Feta bestreuen und im heißen Backofen etwa 50 Min. überbacken.*

Tip: *Wenn es keine Lauchcremesuppe gibt, können Sie auch Broccoli- oder Tomatencremesuppe nehmen.*

Varianten:

⑭ Mäkelige Kinder mögen es lieber mit 200 g Reibekäse statt Feta. Und wenn Sie sehr in Eile sind, können Sie eine Schinkenwurst würfeln.

———

Entweder Sie nehmen eine fast blechgroße, rechteckige Auflaufform. Oder Sie nehmen das Aldi-Ausziehblech und schieben es auf das Format 3 x 3,5 Toastscheiben zurecht. Rundherum mit doppelt gefalteter Alufolie – blanke Seite nach innen, Fläche geölt – den Rand etwas erhöhen.

Toast-Gratin ⑭ *bis 10 P.*

ca. 30 Scheiben Toastbrot (1,5 Pckg.)
3 Pckg. Chester-Scheibletten
1 kg Tomaten
200 g gek. Hinterschinken
8 Eier
300 g Doppelrahmfrischkäse Paprika
(2 Pckg.)
1/2 TL Salz
1 TL Paprikapulver, Pfeffer
0,4 l Milch
Fett für die Form
Preis der Zutaten ca. 10 DM

Das Toastbrot bis auf zehn Scheiben kräftig toasten, mit Scheibletten belegen. Tomaten waschen und in Scheiben schneiden, Schinken in Streifen. Eier mit Frischkäse, den Gewürzen und Milch verrühren. Den Backofen auf 180 Grad vorheizen. Eine tiefe Auflaufform fetten, mit ca. zehn Toastscheiben auslegen, mit einigen Kellen Eiermilch begießen. Die Hälfte

Tomaten, Schinkenstreifen und Mais darauf verteilen, wieder Käsetoast, Eiermilch, übrige Tomaten, Mais und Schinken einschichten, mit restlichem Käsetoast belegen, alles etwas zusammendrücken und die restliche Eiermilch darüber verteilen. Im heißen Ofen etwa eine Stunde backen.

———

Dieses Rezept ist ganz einfach, die Wirkung jedoch enorm. Sie können alles schon Stunden vorher basteln und im Kühlschrank aufbewahren. Wer berufstätig ist, kann das schon morgens machen. Wichtig: Wickeln Sie die Stücke so ein, daß die Schnittstelle auf der Unterseite zu liegen kommt. Auch die Seiten nach unten klappen. Für Künstler: Überstehende Ränder vorher abscheiden: Daraus lassen sich dekorative Muster ausscheiden und auf die Schlafröcke legen.

Kasseler im Schlafrock 🅴 *bis 30 P.*

2 Rollen Blätterteig
4 Kasselerstücke (zusammen ca. 1,5 kg)
500 g getrocknete Pflaumen
1/2 Glas Senf
3 EL Tomatenmark
1-2 TL Essig
flüssige Speisewürze
1 getrenntes Ei
Preis der Zutaten ca. 26 DM

Den Backofen auf 180 Grad vorheizen. Beide Rollen Blätterteig auslegen. Pflaumen grob hacken, dann mit Senf, Tomatenmark, Essig und einigen Spritzern Speisewürze mischen. 2-3 EL Pflaumenmix seitlich auf den Blätterteig streichen. Je zwei Kasselerstücke aneinanderpressen und daraufsetzen. Nun rundherum die Creme verstreichen, den Teig eng darüberschlagen und unter das Fleisch klappen. Die Seiten ebenso schließen. Da, wo Teig auf Teig trifft, etwas Eiweiß aufstreichen – das klebt! Das Eigelb mit 1 TL Wasser verrühren, Pakete damit einstreichen und ab in den Ofen. Nach 50 Min. ist der Braten fertig. Vor dem Anschneiden kurz ruhen lassen.

Dazu paßt orientalischer Reis. Oder Himmel-und-Erde-Püree.

———

Ein bißchen kultig, spart Arbeit. Wenn Sie also einen Primeur haben – bestens. Sonst tut es auch der Beaujolais Villages und diese tolle Pie vom Blech. Danach gibt's Trauben und Brie, Blauschimmelkäse, Feta. Super – selbst für Verwöhnte!

Winzerpastete 🍷 *bis 30 P.*
(wenn Sie drei Bleche haben)

2 Zwiebeln
250 g Schinkenwürfel
4 EL Butter oder Magarine
200 g Walnüsse
850 g Weinsauerkraut
2 Becher Schmand
1/2 TL Pfeffer
1 TL Salz
3 Rollen Blätterteig
Fett fürs Blech
1 Ei
Preis der Zutaten ca. 13,25 DM

Zwiebeln würfeln, fette Schinkenwürfel auslesen, im Fett langsam auslassen. Dann Zwiebeln und übrigen Schinken zugeben und rösten. Nüsse in den letzten Minuten mitrösten, dann Sauerkraut zugeben. Mit Schmand und Gewürzen mischen. Backofen auf 180 Grad vorheizen. Blech fetten, mit 1 Blatt Blätterteig auslegen und für 10 Min. in die mittlere Backofenschiene schieben. Dann herausnehmen, mit Kraut belegen, die zwei übrigen Teigplatten überlappend auflegen, rundherum mit Eiweiß bestreichen und nach unten einschlagen, auf dem vorgebackenen Boden festdrücken. Mit Eigelb bestreichen und auf der mittleren Schiene 30 Min. backen.

Klingt brutal, schmeckt köstlich und löst sämtliche Verpflegungsprobleme:

Hackkuchen mit Mittelmeergemüse
🍷 bis 20 P.

1 kg Hackfleisch halb und halb (TK)
1 Laugenbrötchen
1 große Aubergine (etwa 400 g)
Salz
3 rote Paprika
2 Gemüsezwiebeln
2 Zehen Knoblauch
<u>**2 EL getr. Kräuter der Provence**</u>

1 Dose Maiskörner
200 g Feta
3 Eier
100 g geriebener Parmesan
Pfeffer, Paprikapulver
Olivenöl fürs Blech
Preis der Zutaten ca. 16,70 DM

Fleisch auftauen lassen. Das Brötchen in warmem Wasser einweichen. Die Aubergine waschen, Stielansatz entfernen, der Länge nach vierteln und in etwa 1/2 cm dicke Scheiben schneiden, salzen, zusammensetzen, mit Brettchen beschweren. Die Paprikaschoten waschen, putzen, würfeln. Die Zwiebel abziehen und in Ringe schneiden. Die Hälfte der Ringe zur Seite legen, die andere Hälfte etwas kleiner schneiden. Knoblauch abziehen und durch eine Presse drücken. Mais abtropfen lassen. Den Backofen auf 200 Grad vorheizen. Ein tiefes Backblech mit Olivenöl einpinseln. Das Hackfleisch mit dem ausgedrückten Brot, dem zerkrümelten Feta, den Eiern und dem Parmesan zu einem glatten Teig verkneten. Mit den Gewürzen abschmecken und etwa zwei Drittel des Gemüses unterkneten. Die Masse in der gefetteten Form glattstreichen

und das restliche Gemüse darauf verteilen, andrücken und den Kuchen im heißen Ofen etwa 40 Minuten backen. Nach 10 Minuten mit Olivenöl beträufeln. Den Kuchen 5 Minuten ruhen lassen, dann in kleine Quadrate schneiden. Warm oder kalt servieren. Dazu paßt Fladenbrot.

Hackfleischkuchen süß-sauer
🍎 *bis 20 P.*

500 g (TK) Hackfleisch Schwein
250 g Parboiled Reis (1/2 Pckg.)
0,5 l Brühe (Instant)
1 frische Ananas
(Ersatz: <u>1 gr. Dose Ananas</u>)
4 Scheiben Toastbrot
150 ml Sahne
2 Lauchstangen
500 g Tomaten
<u>1 fingerlanges Stück frischen Ingwer</u>
ca. 250 g geräucherte Putenbrust
4-5 EL getr. Salatkräuter
etwa 6 cl Weinbrand
150 g gewürzte Erdnüsse
flüssige Speisewürze, weißer Pfeffer

4-5 EL Zitronensaft
2 Eier
Öl zum Bestreichen und für die Form
Preis der Zutaten ca. 19 DM

Das Hackfleisch auftauen lassen. Den Reis erhitzen, mit 0,5 l Brühe aufkochen, 20 Min. quellen lassen. Die Ananas schälen, in Scheiben schneiden und evtl. den holzigen Kern herausstechen. Die sechs schönsten Scheiben beiseite legen, die übrigen kleinschneiden. Das Toastbrot zerpflücken und mit der angewärmten Sahne einweichen. Lauch putzen, gründlich waschen und in feine Ringe schneiden. Den Ingwer schälen und reiben. Tomaten mit kochendem Wasser überbrühen, häuten, entkernen und in größere Stücke teilen. Die Putenbrust in kleine Würfel schneiden und zusammen mit dem eingeweichten Brot, den Kräutern und dem Hackfleisch verkneten, dabei Weinbrand zugeben. Die Eier, den Reis und die übrigen Zutaten mit der kleingeschnittenen Ananas und der Hälfte der Erdnüsse unterarbeiten, mit den Gewürzen kräftig abschmecken. Den Backofen auf 220 Grad vorheizen. Ein Backblech mit Öl einpinseln. Den Fleischteig darauf verteilen, die Ananasscheiben etwas ins Fleisch drücken und mit Öl bestreichen. Mit den restlichen Erdnüssen bestreuen. Den Kuchen im heißen Ofen etwa 30 Minuten backen, 5 Minuten ruhen lassen, dann in kleine Quadrate schneiden. Mit Fladenbrot oder Baguette reichen.

―――

Hier kommt Fleisch und Beilage in einem. Dekorativ im Ofen gebacken und mit Mais-Reis serviert.

Hähnchen-Ratatouille ⑪ bis 10 P.

**2 Pckg. TK-Hähnchenschenkel
500 g Zucchini oder 1 Gurke
3 Zwiebeln
<u>4 Knoblauchzehen</u>
500 g Paprikaschoten
200 g Walnüsse
3 Dosen Tomaten
2 TL Salz
Pfeffer, Paprikapulver**
Preis der Zutaten ca. 18,40 DM

Die Hähnchenschenkel auftauen lassen. Den Backofen auf 180 Grad vorheizen. Gemüse waschen. Zucchini längs vierteln, quer in fingerdicke Scheiben schneiden (bei der Gurke die Kerne entfernen). Zwiebel und Knoblauch abziehen, fein würfeln. Paprika putzen, in 1 cm große Würfel schneiden. Nüsse fein hacken. Tomaten in der Dose mit einem Messer grob zerkleinern. Auf dem tiefen Backblech Tomaten mit Saft, Gemüse, Nüssen und den Gewürzen gut vermischen. Die aufgetauten Hähnchenschenkel darauf verteilen und in die mittlere Schiene des Backofens schieben. Nach 50 Minuten sind die Hähnchen brutzelbraun und das Gemüse gar. Sie schlürfen währenddessen entspannt den Apéro (Prosecco oder schon Chianti). Vergessen Sie aber derweil bitte den Reis nicht! Fürs Tischdecken die Gäste anstellen. Dessert? Früchte oder Mousse – wenn Sie die Leute völlig fertigmachen möchten.

Tip: Achten Sie bei den Hühnerbeinen um Himmels willen darauf, daß zumindest für jeden ein Bein drin ist. Wenn Sie großzügig sind, zwei zusätzlich für die Verfressenen. Schlimmstenfalls kaufen Sie drei Packungen – der Rest verkommt ja nicht.

———

Aldi sei Dank. Denn ohne Gyros geht gar nichts mehr – er hat Pizza, Burger und Currywurst überrundet. Jetzt auch bei Ihnen zu Haus. Das Gute: Bei Gästeschwemmen kommen Sie ohne Teller aus. Und gelten als originell!

Gyros ⑪ bis 20 P.

2 Pckg. TK-Gyros
6 Zwiebeln
4 EL Olivenöl
1 Dose Tomaten
1 TL Salz, Pfeffer
<u>**1 EL Kräuter der Provence**</u>
200 g Feta
2 Kopfsalat
2 1/2 Fladenbrote
Preis der Zutaten ca. 16 DM

Gyros auftauen lassen. Zwiebeln schälen und in grobe Würfel schneiden, im Olivenöl in einer tiefen Pfanne kräftig anbraten. Dann Gyros zugeben und so lange braten, bis es sich bräunt. Tomaten in der Dose mit dem Messer grob zerteilen, samt Saft angießen, würzen und etwa 8 Min. schmoren, bis die Zwiebeln gar sind und der Saft eingekocht ist. Feta zerbröseln und unterziehen. Inzwischen die Pitabrote im vorgeheizten Backofen bei 200 Grad 8 Min. aufbacken. Die Salatblätter vom Kopf knicken und waschen, trockenschütteln. Pitabrot quer durchschneiden, jedes Brot vierteln. Nun jedes Viertel mit Salatblättern auslegen und ein Viertel Gyros in die Tasche füllen. Oder im Teller mit extra Pita servieren. Den Salat dann anmachen (Dressings siehe Seite 45) und extra reichen.

Saucen ohne Braten sind klasse. Sie können sie zu Reis, zu Kartoffeln und schließlich auch zu Pasta kochen, und schon haben Sie ein komplettes, kleines Essen. Saucen lassen sich aber auch zu Suppen umfunktionieren: Sie müssen sie dazu nur leicht verdünnen. Die Anleitung finden Sie bei den Varianten.

Tomaten-Bourbon-Sauce mit Garnelen ⑨ *bis 10 P.*

2 Pckg. TK-King-Prawns (500 g)
0,1 l Bourbon
500 g passierte Tomaten
1/2 Tube Tomatenmark
250 g Pfeffer-Frischkäse (2 Pckg.)
1/4 l Orangensaft
3 EL gekörnte Brühe
Salz, Pfeffer
Paprikapulver
1/2 TL Zucker
200 g Schlagsahne
Preis der Zutaten ca. 22,75 DM

Die Krabben auftauen lassen, mit Bourbon übergießen. Tomatenpüree mit -mark verrühren. Frischkäse nach und nach mit dem Orangensaft glattrühren, mit den Gewürzen unter das Tomatenpüree geben. Langsam zum Kochen bringen und unter Rühren den Saucenbinder zufügen. Dann die Garnelen samt Bourbon zugeben, einmal aufkochen lassen. Sahne steif schlagen, unterziehen und die Sauce nochmals abschmecken. Am besten schmecken dazu Bandnudeln.

Varianten:

⑨ Preiswerter wird es mit 4 Gläsern Krabben. Und ein ganz anderes Rezept haben Sie, wenn die Krabben durch 400 g fein gewürfelte, geräucherte Putenbrust ersetzt werden.

Essen kleine Kinder mit, wird der Bourbon ersatzlos gestrichen.

🍲 Für eine Suppe verdoppeln Sie Tomatenpüree und Orangensaft und geben noch 0,5 l Brühe und etwas Tomatenmark zusätzlich zu. Die Krabbeneinlage bleibt stabil, dazu gibt es Toast.

Eine sehr leckere, sehr einfache vegetarische Sauce. Schmeckt toll zu Pellkartoffeln oder Penne.

Spinatcreme-Sauce 🍲 bis 20 P.

2 Pckg. TK-Rahmspinat
200 g Schmand
1/2 l Milch
300 g Knoblauch-Frischkäse
200 g gesalzene Erdnüsse
Pfeffer
2-3 EL Zitronensaft
Preis der Zutaten ca. 7,60 DM

Den Rahmspinat auftauen, Schmand und Milch zufügen, zum Kochen bringen, Saucenbinder einstreuen und aufkochen lassen. Dann den Käse in Flocken zugeben und auflösen. Die Nüsse grob hacken, unterziehen und die Sauce mit Pfeffer und Zitronensaft abschmecken.

Varianten:

🍲 Schmeckt kräftiger mit Feta statt Frischkäse.

🍲 Als Suppe zusätzlich 0,5 l Milch und 1/4 l Brühe zugeben. Mit einem extra Klecks Schmand servieren und die Nüßchen draufstreuen, nicht unterziehen. Oder die Nüsse durch Croutons ersetzen: zehn Scheiben Toastbrot kleinwürfeln, in 100 g Butter goldbraun rösten.

🍲 Wenn es Fleisch sein muß: 200 g gekochten Schinken in feine Würfel schneiden und statt Nüssen in die Sauce geben.

Die Erbsensuppe Bill Collins hat jetzt eine verbesserte Rezeptur. Steht jedenfalls auf der Dose. Und weil so eine Erbsensuppe zur Grundausstattung einer jeden Renovierungsparty gehört, verrate ich Ihnen, wie Sie die Rezeptur weiter verbessern können. Im übrigen lehne ich ganze Wienerle in dieser Suppe ab. Denn jeder versucht die Würstchen mit dem Löffel zu zerkleinern. Folge: Torpedos gleich schnellen sie durch die Gegend. Lieber nicht!

Erbsensuppe mit Bröckchen
🍶 *bis 30 P.*

1 kg Lauch
4 EL Olivenöl
1/4 l trockener Weißwein
2 Dosen Erbsensuppe
2 Dosen Erbsen
4 Cabanossi (2 Pckg.)
150 g Kräuter-Frischkäse
4 EL getr. Petersilie
10 Scheiben Toastbrot
100 g Butter
Preis der Zutaten ca. 14,40 DM

Den Lauch putzen, gründlich waschen und in fingerdicke Scheiben schneiden. In einem Topf mit Olivenöl anbraten. Mit Wein ablöschen und etwa 15 Minuten fast gar dünsten. Dann die Dosen zugeben. Cabanossi in Scheiben schneiden, mit Käse und Petersilie zum Eintopf geben und heiß werden lassen. Toastbrot in kleine Würfel schneiden. In einer großen Pfanne die Butter zerlassen, Brotbröckchen darin knusprig braun braten. Erbsensuppe mit Bröckchen ausgeben.

Variante:
🍶 Ersetzen Sie 1 Erbsendose durch 1 Tetrapack passierte Tomaten – das gibt ein überraschendes Mittelmeer-Aroma.

Die Preiswerteste aller Suppen – mit Kultcharakter. Einziger Nachteil: Sie werden weinen. Beim Zwiebelschneiden. Es sei denn, Sie haben eine Haushaltsmaschine. Im übrigen ist die Suppe jede Träne wert.

Zwiebelsuppe auf Käsetoast
🍶 *bis 20 P.*

1 kg Zwiebeln
80 g Butter
1 Prise Zucker, Salz
1 1/2 l Instant-Fleischbrühe
1/2 l Grüner Veltliner
<u>2 Lorbeerblätter</u>
<u>4 Pimentkörner</u>
<u>1 Nelke</u>

3 EL getr. Petersilie
10 Scheiben Toastbrot
250 g feiner Reibekäse
Preis der Zutaten ca. 6,50 DM

Die Zwiebeln abziehen, halbieren und in dünne Scheiben schneiden. In einem Topf die Butter zerlassen und die Zwiebelringe darin goldbraun braten, dabei Zucker und ein wenig Salz zugeben. Mit der Brühe und dem Wein ablöschen, Gewürze zufügen und alles etwa 5 Minuten garen. Inzwischen die Toastscheiben auf ein Blech legen, mit Reibekäse bestreuen und im auf 200 Grad vorgeheizten Ofen so lange backen, bis der Käse schmilzt und beginnt zu bräunen. Die Suppe abschmecken, Lorbeer herausfischen. Immer einen Käsetoast in einen tiefen Teller geben, die Suppe darüber verteilen.

Variante:

Die cremige Variante schmeckt am besten mit Lauch. Dazu von 1 kg Lauch Ringe schneiden, mit der Butter und 3 EL Mehl anbraten, mit 1 1/2 l Milch angießen und mit gekörnter Brühe, Salz und Pfeffer würzen. Etwa 15 Minuten kochen lassen. Dann 150 g Kräuter-Frischkäse hinzufügen und 200 g Schlagsahne unterziehen. Dazu paßt Ciabatta.

Natürlich gibt's die tollsten Eintöpfe aus der Dose. Aber für Gäste ist das so eine Sache. Wenn jeder bei der ersten Duftwolke aus der Küche schreit: Oh, Feuerzauber Texas, dann kriegen Sie rote Ohren … Unser Chili macht jedenfalls nicht viel Arbeit – aber mächtig Eindruck.

Chili con carne ⑪ bis 30 P.

500 g Hackfleisch halb und halb (TK)
2 Stangen Lauch
6 Zwiebeln
<u>4 Zehen Knoblauch</u>
1 kg Paprikaschoten
2 Dosen Tomaten
je 3 EL Butter und Olivenöl
Salz
<u>1 EL Cayennepfeffer</u>
<u>1 EL Kreuzkümmel</u>
3/4 l Fleischbrühe

4 Dosen Kidney Bohnen
1 Dose Mais
2 Töpfe glatte, frische oder 6 EL
getrocknete
Petersilie
1 Zitrone
Preis der Zutaten ca. 16,10 DM

Hackfleisch auftauen lassen. Geputzten Lauch in feine Ringe schneiden. Zwiebeln und Knoblauch schälen, fein hacken. Paprika putzen, würfeln. Butter und Öl zusammen erhitzen, Zwiebeln glasig dünsten, Paprika, Lauch, Knoblauch und Fleisch zugeben, stark anbraten, bis es richtig braun ist. Kräftig würzen, mit Brühe angießen. Paprika, Tomaten mit Saft und Bohnen samt Flüssigkeit zugeben. Alles bei milder Hitze zum Kochen bringen, 10 Min. ziehen lassen. Gehackte Petersilie zugeben, heiß werden lassen. Mit Gewürzen kräftig abschmecken.

Variante:
🍷 Noch echter wird so ein Chili natürlich mit Chilischoten: Zerböseln Sie zehn getrocknete und geben sie zu. Oder schmecken Sie mit Tabasco ab. Vielleicht ergattern Sie ja auch 1 Fix Chili con carne bei Aldi. Nehmen Sie davon 2 Tüten statt der Gewürze.

Das ist ein etwas edleres Rezept – eher für die Unterbringung des Clans vor der Hochzeit gedacht. Denn so was lieben Kinder und ältere Herrschaften gleichermaßen. Sie können es auch mit 3 Pckg. TK-Buttergemüse machen. Aber ich finde in diesem Fall das Gemüse aus der Dose zarter. Außerdem sparen Sie dabei eine Mark!

Geflügel-Frikassée 🍷 *bis 20 P.*

2 Pckg. TK-Hähnchenbrustfilets
3/4 l Brühe (Instant)
1/8 l Weißwein
1 Dose Champignonköpfe (314 ml)
1 Dose Spargel
1 Dose Erbsen & Möhren sehr fein
100 g Butter
3-4 EL Mehl (60 g)
150 g Kräuter-Frischkäse
Salz, Pfeffer
Muskatnuß
3-4 EL Zitronensaft
Preis der Zutaten ca. 16,20 DM

Fleisch am besten im Kühlschrank auftauen lassen. Brühe mit Wein zum Kochen bringen. Fleisch darin etwa 15 Minuten gar ziehen lassen, abkühlen lassen. Fleisch aus der Brühe heben, in daumenlange Stücke teilen. Gemüse abgießen, Sud aufheben. Spargel in mundgerechte Stücke teilen. Butter zerlassen, Mehl zugeben, 2 Min. anschwitzen. Mit der Brühe an-gießen. Unter Rühren aufkochen lassen, 4 Min. leise kochen. Wird die Sauce zu dick, etwas Gemüsesud zufügen. Mit Frischkäse, Zitronensaft und Gewürzen würzen. Fleisch und Gemüse in der Sauce heiß werden lassen. Dazu paßt Reis.

Variante:
Natürlich schmeckt das mit frischem Gemüse auch toll. Macht aber mehr Arbeit: 500 g Pilze, 500 g Möhren und 500 g Brokkoli waschen, putzen und in mundgerechte Stücke teilen. Erst die Möhren 10 Min. vordünsten, dann Brokkolistiele und Pilze zugeben, 10 Min. weitergaren, die letzten 5 Min. die Röschen mitgaren – alles in ein wenig Butter und Bouillon. Danach mit frischer Petersilie toppen!

Süßes, bis die Gäste schnurren

Hier kommt die einfachste und beste Mousse der Welt. Eigentlich dumm, das Rezept weiterzugeben. Nachdem mich auf dem letzten Fest sogar ein befreundeter Belgier – und das sind ja wahre Schokoladenpäpste – verschwörerisch nach den Zutaten fragte. Sie müssen nur rechtzeitig damit anfangen! Die Portionen sind klein, weil konzentriert – vielleicht machen Sie lieber gleich die 1,5fache Menge? Dann aber bitte die Mousse in drei Portionen steif schlagen.

Mousse au chocolat bis 🌢 *15 P.*

400 g Herbe Sahne (Zartbitter-Schokolade) oder *Zartbitter-Kuvertüre*
5 cl Grand Marnier
400 ml H-Schlagsahne
evtl. Trüffel zur Dekoration
Preis der Zutaten ca. 6,25 DM

Die Schokolade in Stückchen brechen. In einen kleinen Topf oder eine Edelstahlschüssel geben. Diese in einen größeren Topf mit Wasser legen, zum Kochen bringen. *Nach und nach schmilzt die Schokolade – rühren Sie dabei um. Das Ganze heißt kochendes Wasserbad und verhindert, daß die Schokolade zu heiß wird. Dann wird sie nämlich grisselig, und nix is' mit der einfachsten Mousse der Welt! Wenn die ganze Schokolade eine glatte, cremige Masse ist, können Sie den Grand Marnier unterziehen. Nehmen Sie den Topf nun aus dem Wasserbad. Löffelweise die Sahne unterrühren. Masse kalt stellen. Sobald sie völlig erkaltet ist, mit dem Handrührgerät wie Sahne steif schlagen. Am besten in zwei Portionen – dann wird sie luftiger. Jetzt ab in die Schüssel und zu allem Überfluß mit Pralinés oder Waffelröllchen garnieren.*

Variante:
Nehmen Sie statt Zartbitter-Schokolade Cappuccino derselben Marke und schmelzen noch 1 TL Instant-Kaffeepulver. Dann hat die Mousse einen herben Mocca-Reiz.

———

Bei diesem Rezept kann eigentlich nichts daneben gehen – keine Gelatine, keine Eier. Aber Stärke! Das heißt: Vorsicht, Klümpchen. Wenn Sie nämlich die Stärke nicht glatt anrühren, plumpsen die Klümpchen in den kochenden Saft und lösen sich nicht mehr auf. Da hilft nur noch, die Masse heiß durchs Sieb zu streichen. Besser also gleich aufpassen und die Stärke durch ein Sieb in den Saft laufen lassen.

Multivitamincreme ⑪ *bis 20 P.*

3 Zitronen
1 Flasche Multivitaminsaft (3/4 l)
50 g Speisestärke (3 gestrichene EL)
100 g Zucker
600 g Schlagsahne (3 Becher)
3 Tütchen Vanillinzucker
Preis der Zutaten ca. 5,10 DM

Die Zitronen auspressen. Eine heiß abwaschen und die Schale abreiben. Saft und Schale mit dem Multivitaminsaft in einem Topf mischen. Eine Tasse Saft abnehmen, Zucker und Stärke darin glattrühren – ein Schüttelbecher ist dafür geradezu genial! Jetzt den Saft zum Kochen bringen. Die angerührte Stärke mit dem Schneebesen schnell unter heftigem Schlagen in den kochenden Saft einrühren. 1 Minute durchkochen lassen und kräftig rühren. Kalt stellen, zwischendurch umrühren. Kurz vor dem Essen nacheinander in zwei Portionen je 1,5 Becher Sahne steif schlagen, dabei 1 Tütchen Zucker zugeben. Jede Sahneportion mit dem Schneebesen behutsam unter das Gelee ziehen. Mit Zitronenscheiben am Rand verzieren.

Variante:
Sie können den Saft durch Weißwein (Pinot Grigio) ersetzen und 100 g Zucker zusätzlich zufügen – dann gibt's eine leichte Weincreme. Außerdem können Sie zwei gut abgetropfte Dosen Mandarinen unterziehen.

Wenn's kalt ist, können Desserts ja auch mal heiß sein. Diese Bratäpfel können Sie gut vorbereiten. Wem Eis zu stressig ist (beim Austeilen entsteht gerne Hektik), der kann statt dessen die Vanillesauce von Seite 68 dazu servieren.

Gefüllte Bratäpfel ⑪ bis 20 P.

200 g Rosinen
200 g Walnüsse
1/2 Glas Johannisbeer-Konfitüre
10 mittelgroße Äpfel
(am besten Boskoop)
ca. 600 ml Vanille-Eis
Preis der Zutaten ca. 8 DM

Rosinen heiß überbrühen, waschen und abtropfen lassen. Nüsse hacken. Beides mit der Konfitüre mischen. Die Äpfel aushöhlen – am besten geht das mit einem Kerngehäuse-Ausstecher. Dann die Füllung in die Mitte drücken. Den Backofen auf 180 Grad vorheizen. Äpfel auf das Backblech oder in eine feuerfeste Form setzen und 15 Min. backen. Dazu bekommt jeder zwei Kugeln Vanilleeis oder -sauce.

Varianten:
⑪ Kochen Sie den Saft von 2 Gläsern Schattenmorellen auf, binden ihn mit 1 EL angerührter Stärke und machen die Kirschen darin heiß. Profis gießen nun ein oder zwei Schnapsgläser Kirsch darüber und flambieren das Ganze. Wenn's nach dem vierten Versuch

nicht klappt, geben Sie auf, lassen aber das Ganze noch 5 Min. kochen, sonst liegen Ihre Gäste danach unterm Tisch.

🍷 Sensationell schmeckt's mit frischen Zwetschgen: 1 kg halbieren und entsteinen, mit 1 Glas Rotwein und 4-5 EL Zucker in einigen Minuten zum Kompott kochen. Im Winter nehmen Sie 500 g Trockenpflaumen und doppelt soviel Wein. Wenn Sie das Vanilleeis antauen lassen und 1 TL gem. Zimt mit dem Pürierstab unter das Eis rühren, haben Sie ein Zimtparfait dazu. Vor dem Servieren am besten noch einmal ins Gefrierfach stellen.

🍷 Birne Hélène: Pro Person 1 Birnenhälfte (Dose) mit 2 Kugeln Vanilleeis und geschmolzener, heißer Bitterschokolade (herbe Sahne, pro Person 40 g) servieren.

Zum krönenden Abschluß das französischste unter den Desserts. Leicht, raffiniert, beängstigend. Nur Mut. Die erste Hürde ist der Karamel. Zucker wird erst mit wenig Flüssigkeit zu Sirup gekocht. Je konzentrierter, desto heißer wird er. Und dann beginnt er zu bräunen. Hier blitzschnell reagieren, sonst verbrennt er. Das zweite Geheimnis ist das Verhältnis Ei zu Milch – denn es muß ja stöckeln. Schließlich muß die Creme rechtzeitig gestürzt werden – sonst pappt der Karamel wieder. Vorteil des Ganzen: Sie können die Creme 1 Tag vorher machen. Und Sie brauchen nichts zu schnippeln. Dieses Dessert beweist: Mit den einfachsten Zutaten gelingen die besten Dinge. Für zehn Personen nehme ich eine 24- oder 26-cm-Springform – oder eine Tarteform.

Crème Caramel 🍷 *bis 20 P.*

250 g Zucker
6 EL Weißwein
6 Eier
1/2 l Milch
200 g Schlagsahne
Preis der Zutaten ca. 2,50 DM

Die Hälfte Zucker mit dem Wein verrühren, in einer Pfanne erwärmen und rühren. Nach und nach wird der Zucker glasig und blubbert. Immer wieder vom Rand herunterrühren. Sobald die Zuckerlösung erst glatt, dann gelb, dann beige wird, Pfanne vom Herd nehmen und den flüssigen Karamel in die

Springform gießen. Schwenken, so daß sie mit Karamel bis 2 cm randhoch ausgekleidet ist. Den übrigen Zucker mit den Eiern cremig rühren, nach und nach Milch und Sahne zufügen. Den Backofen auf 180 Grad vorheizen, dann die Eiermilch in die Karamelform gießen und im Ofen etwa 1 Stunde stocken lassen. Evtl. mit Alufolie abdecken. Form herausholen und die Creme so schnell wie möglich auf eine tiefe Platte stürzen. Bis zum Essen kalt stellen.

P.S. Adel und Aldi

Es ist schon komisch. Einige meiner großbürgerlichen, hocheleganten Freundinnen waren noch nie bei Aldi. Wirklich nie! Kann man da überhaupt???? Dabei rief mir gestern eine lauthals quer durch den ganzen Aldi zu: Ich brauche noch ganz schnell Klopapier!

Also – zu Aldi höchstens, um Klopapier zu kaufen. Meine Öko-Freundinnen gehen grundsätzlich nicht hin. Und wenn, dann inkognito, also nicht im eigenen Stadtteil.

Aber die Standesgenossen! Die stehen geschlossen zu Aldi! Die Palette reicht von höchster Begeisterung bei Cousine Harriett:

Du schreibst ein Aldi-Buch? Herrlich! Ihr probiert alles aus? Ich komme. Und überhaupt – der neue Basmati! Meine ganze Familie liiiebt Aldi! Selbst Hubi (ihr frischgebackener Ehemann) ist von den Aldi-Infos völlig begeistert! Was es da alles gibt! Morgen kauf' ich die Mikrowelle.

Daß ihre flammende Begeisterung auf Unverständnis stößt, erstaunt sie immer wieder, sagte doch ihre Kommilitonin neulich: Das verstehe ich nicht – du gehst auf Bälle und so – und dann kaufst du bei Aldi! Ja – warum eigentlich nicht?

Der kinderreiche norddeutsche Landadel unseres Bekanntenkreises ist da ebenfalls völlig hemmungslos: Für den Dänemark-Urlaub wird das Auto mit Aldi vollgebunkert – sogar die Eier sind made by Aldi! Und das im Hochsommer ...

Einträchtig werden am Strand die Vorräte verzehrt: Was habt ihr mit? Tuc? Wir die Doppelkekse. Und Erdnüsse. Was? Cashews? Wollen wir tauschen? Butterkekse gegen Tuc, die Cashews als Krönung.

Nur keine Experimente – da weiß man, was man hat. Wertkonservativ sind sie – und Aldi ist das auch. Keine plötzlichen Kehrtwendungen im Sortiment. Nein: Die Leberwurst unserer Studienzeit finden wir immer noch. Und die Mohrenköpfe auch. Ab und zu kommt Bewährtes als Neuerung dazu, allzu Überlebtes verschwindet oder überlebt unbemerkt. Die Tiefkühltruhen hier im tiefen Süden sind seit dem Basmatireis das Revolutionärste, was mir bei Aldi unter die Augen kam. Doch nicht nur die konservative Grundhaltung der Familie Albrecht verbindet.

Da ist auch der Verzicht auf jegliche sinnliche Verlockung. Keine appetitanregende Präsentation, verheißungsvolle Verpackung – bei Aldi geht's nur um den Inhalt. Sollte es da Parallelen zur preußischen Erziehung geben? Man ißt, um zu leben – man lebt nicht, um zu essen, mahnte schon meine Großmutter (vergebens, wie man sieht). Und: Über Essen spricht man nicht. Genuß rückt da schon eher in den Bereich der Sünde. Pfui Spinne! Anständig hat der Tee, der Kuchen, der Braten zu sein – bloß nicht üppig oder gar raffiniert. Sicher – die Genußartikel bei Aldi nehmen in den letzten Jahren bedenklich zu. Aber immer noch beherrschen Grundnahrungsmittel die Regale. Vom Korn bis zur Ölsardine – wer ißt die eigentlich?

Damit ist die Gemeinsamkeit aber nicht am Ende. Wir kommen zum Kern der Dinge: Mehr sein als scheinen. Auf den Inhalt kommt es an. Das ist es wohl, was Aldi dem Adel – dem preußischen zumindest – so sympathisch macht. Wer weiß, worauf es ankommt, muß nicht mehr mit dem schönem Schein imponieren. Das hat Aldi nicht nötig –

wir vertrauen seinen Einkäufern blind. Die gehorchen nämlich den Regeln der freien Marktwirtschaft – und der Familie Albrecht. Der Adel hat das auch nicht nötig – seit Jahrhunderten hat sich die Familie gehalten, dokumentiert und im Gotha nachzuschlagen. Den ehernen Gesetzen des Standesrechtes unterworfen und sich selbst genug. Doch es gibt auch Zeichen der Auflösung – zumindest im Hochadel.

Zum Beispiel Cousine Melanie, ihres Zeichens Prinzessin. Sie geht mit der Zeit und hat erfaßt, daß eine Krone heutzutage vielleicht doch mehr mit Schein als mit Sein zu tun hat: Rotwein wird konsequent in der Kristallkaraffe ausgeschenkt. Da tut's auch der Bordeaux AC für 4,59. Denn der Rote aus so einer prächtigen Karaffe ist über jeden Zweifel erhaben. So kredenzt schmeckt selbst ein anständiger AC-Wein edel. Nach fünf Abendessen ist schon die neue Karaffe erspart, nach zehn der Silberleuchter. Wenn das nicht geschicktes Marketing, kombiniert mit Imagepflege und gutem Hausverstand, ist.

Doch der neueste Trend stimmt bedenklich: Kreti und Pleti kaufen bei Aldi. Wo man früher durch schlichtes Umfüllen und Dekorieren die Leberwurst zur Paté umfunktionieren konnte, signalisiert ein schneller Augenkontakt heute das Wiedererkennen. Der Schampus ist gut – doch hat der Gast jetzt zunehmend das Gefühl, Objekt der neuen Sparsamkeit zu werden. Überhaupt, die preußischen Tugenden. Der Hang zur Bescheidenheit erfaßt selbst honorige, gutbürgerliche Kreise. Das kann ja wohl nicht wahr sein. Was bleibt uns noch?

Mein Geheimtip: Kaufen auf dem Bauernhof – bei Cousine und Vetter. Na ja, und Kekse und Sherry und Salzstangen und so – das kann man ja immer noch ... aber Umfüllen nicht vergessen!

Inhalt

Was? Sie Frau von Cramm?	3
Gebrauchsanleitung	5
Für viele kochen: Wo ist das Problem?	6
Wenn die Basis stimmt oder Eintopf ist nicht alles	16
Auf großer Fahrt	28
Futtern unter freiem Himmel	49
U.E.w.g. – Um Essen wird gebeten	72
Full Hause	96
Adel und Aldi	117

Rezept und Sachregister

Ausrüstung: 32
Bluffer-Rezepte:
   Chili-Zwiebeln: 86
   Eingelegte Pilze: 86
   Forellencreme: 83
   Krabbenbutter: 84
   Picknick-Baguette: 78
   Pita-Torte: 79
   Schinkenmousse mit Pflaumen: 82
   Spargel-Spinat-Quiche: 81
   Walnußbutter: 84
   Zwiebel-Apfel-Rosinen-Chutney: 85
   Zwiebelkuchen: 80
Brot: 17
Dips: 57
   Grüne Sauce: 58
   Pfirsich-Senf-Dip: 57
Eiserne Reserve: 97
Frühstück: 33
Getränke: 13, 35, 51, 70
   Erdbeerbowle: 70
   Kalte Ente: 71
   Kinderbowle: 71
   Sangria: 71
Grundvorrat: 97
Kartoffeln: 18
   Bouillonkartoffeln: 20
   Himmel-und-Erde-Püree: 24
   Kartoffelgratin: 22
   Kartoffelknödel: 23
   Knödelrolle: 24
   Knusperkartoffeln: 22
   Ofenkartoffeln: 21
   Salzkartoffeln: 20
   Stampfekartoffeln: 19
   Tomaten-Kartoffel-Püree: 25

Mengen: 11, 14
Nachtische: 94
   Beeren-Bananenmark: 67
   Casata: 67
   Crème Caramel: 117
   Frucht-Reis: 48
   Geeiste Vanilleflammerie: 66
   Gefüllte Bratäpfel: 116
   Gelatine: 68
   Götterspeise: 95
   Melonen-Honig-Quark: 69
   Mousse au chocolat: 114
   Müsli-Apfel-Schmarrn: 47
   Multivitamincreme: 115
   Rote Grütze: 68
   Schichtdessert: 94
Transport-Tips: 74
Nudeln: 27
Party: 72
Party-Geschenke: 74
Pfadfinder: 28
   Bratwürstel: 42
   Chili con Kasseler: 35
   Eier in grüner Sauce: 43
   Geflügel süß-sauer: 37
   Gurkenkraut mit Cabanossi: 38
   Tomatennudeln: 41

Picknick: 34, 51
Grill: 51
   Folienkartoffeln: 52
   Grill-Auberginen: 53
   Grill-Pilze: 53
   Parmesan-Zucchini: 54
   Speck-Mais: 54
   Käse-Pita-Pizza: 55
   Kartoffelsamtsuppe: 40
   Piperade mit Feta: 44
   Rahm-Wurstgulasch: 36
   Schicht-Schmortopf: 39
   Spieß-Dreierlei: 56
      Wurstspieße: 56
      Garnelenspieße: 56
      Gyrosspieße: 56
Proviantvorrat: 31
Reis: 25
   Karotinreis: 26
   Mais-Reis: 26
Salate: 45, 87
   Heringsfilets in Mandarinensahne: 88
   Linsen-Pilz-Salat: 89
   Mexikanischer-Kartoffelsalat: 91
   Mittelmeer-Salat: 60
   Nudel-Krabbensalat: 92
   Pilawsalat: 90

Rigatoni-Thunfisch-Salat: 93
Roter Blitz-Geflügelsalat: 89
Sahnedressing: 46
Sauerkraut-Cabanossi-Salat: 59
Sauerrahm-Dressing: 46
Vinaigrette: 45
Streßfreie Rezepte: 98
Aldi-Pie: 100
Chili con Carne: 111
Croque Famille: 98
Erbsensuppe mit Bröckchen: 110
Geflügel-Frikassée: 112
Gyros: 107
Hackfleischkuchen süß-sauer: 105
Hackkuchen mit Mittelmeergemüse: 104
Hähnchen-Ratatouille: 106
Kartoffel-Überraschung: 99
Kasseler im Schlafrock: 103
Medaillons mit Pfirsich gratiniert: 100
Nudelauflauf: mit Hackfleisch-klößchen: 101
Spinatcreme-Sauce: 109
Toast-Gratin: 102
Tomaten-Bourbon-Sauce mit Garnelen: 108
Winzerpastete: 104
Zwiebelsuppe auf Käsetoast: 110
Süßes: 47, 66, 114
Beeren-Bananenmark: 67
Casata: 67
Crème Caramel: 117
Frucht-Reis: 48
Geeiste Vanilleflammerie: 66
Gefüllte Bratäpfel: 116
Gelatine: 68
Melonen-Honig-Quark: 69
Mousse au chocolat: 114
Müsli-Apfel-Schmarrn: 47
Multivitamincreme: 115
Rote Grütze: 68
Transport-Tips: 75
Vorspeisen: 60
Gekochte Eier in Thunfischsauce: 61
Marinierte Paprika-Putenbrust: 61
Tomaten-Quiche: 62
Paprika-Feta-Pastete: 63
Schmormöhren auf Nuß-Tsatsiki: 64
Sekt-Lauch mit Sultaninen: 65